Criptovalute

La Guida Definitiva per Principianti.
Scopri la Tecnologia Blockchain e la Finanza
Decentralizzata, e Investi in Bitcoin e Altcoin
con le Migliori Strategie.

OSCAR WILLIAMS
DAVID RODRÍGUEZ

© Copyright 2022 - Tutti i diritti riservati

Il contenuto di questo libro non può essere riprodotto, duplicato o trasmesso senza il permesso esplicito dell'autore o dell'editore.

In nessuna circostanza si potrà attribuire all'editore, o all'autore, alcuna colpa o responsabilità legale per qualsiasi danno, riparazione o perdita pecuniaria dovuta alle informazioni contenute in questo libro, direttamente o indirettamente.

Avviso Legale:
Questo libro è protetto da copyright. È solo per uso personale. Non è possibile modificare, distribuire, vendere, utilizzare, citare o parafrasare qualsiasi parte, o il contenuto all'interno di questo libro, senza il consenso dell'autore o dell'editore.

Avviso di esclusione di responsabilità:
Si prega di notare che le informazioni contenute in questo libro sono intese solamente per scopo educativo e di intrattenimento. È stato fatto tutto il possibile per presentare informazioni accurate, aggiornate, affidabili e complete. Nessuna garanzia di alcun tipo è dichiarata o implicita. I lettori riconoscono che l'autore non è impegnato nella fornitura di consigli legali, finanziari, medici o professionali. Il contenuto di questo libro è stato tratto da varie fonti. Si prega di consultare un professionista autorizzato prima di tentare qualsiasi tecnica descritta in questo libro.

Leggendo questo documento, il lettore accetta che in nessuna circostanza l'autore è responsabile di eventuali perdite, dirette o indirette, subite come risultato dell'uso delle informazioni contenute in questo documento, compresi, ma non limitati a, errori, omissioni o imprecisioni.

Indice

INTRODUZIONE 5

CRIPTOVALUTE E TECNOLOGIA BLOCKCHAIN 7

CRIPTOVALUTE, ALTCOIN E TOKEN 14

MINING DI CRIPTOVALUTE 17

CRIPTOVALUTE VS VALUTE TRADIZIONALI 24

I LATI NEGATIVI DELLE CRIPTOVALUTE 28

COME E DOVE COMPRARE CRIPTOVALUTE 33

LE PRINCIPALI CRIPTOVALUTE 39

ALCUNE DELLE CRIPTOVALUTE CON PIÙ POTENZIALE NEL 2022 58

DOVE CONSERVARE LE TUE CRIPTOVALUTE 66

COME SEGUIRE L'EVOLUZIONE DELLE TUE CRIPTOVALUTE 74

COME INIZIARE A GUADAGNARE CON LE CRIPTOVALUTE 76

STRATEGIE DI INVESTIMENTO CON LE CRIPTOVALUTE 79

QUANDO COMPRARE E QUANDO VENDERE 86

ICO 91

BITCOIN FUTURES 98

ALTRI CONSIGLI BASICI 106

IL PRESENTE E IL FUTURO DELLE CRIPTOVALUTE 109

GLOSSARIO 113

Introduzione

A metà gennaio 2022, esistono al mondo circa 10.000 diverse criptovalute e questo numero è in continua crescita. Un aumento impressionante considerando che nel 2013 ce n'erano appena cinque. Anche così però, bisogna tener presente che una piccola frazione di esse, circa 20 monete appena, rappresenta il 90% dell'intero mercato.
Dopo aver raggiunto un massimo storico di oltre 2.900 miliardi di dollari alla fine del 2021, all'inizio del 2022 il valore globale di tutte le criptovalute in circolazione si attesta intorno ai 2.000 miliardi di dollari.

Si tratta insomma di numeri impressionanti, ma che, allo stesso tempo, portano a domandarsi se le criptovalute rappresentano ancora un'opportunità di investimento oggigiorno, o se è ormai troppo tardi e la grande opportunità di guadagnare con le monete digitali è irrimediabilmente svanita nel nulla.

In questo libro, scopriremo prima di tutto cosa sono le criptovalute e come funzionano, quali opzioni esistono per investire in esse in modo intelligente, quali sono gli attuali pro e contro di questo tipo di investimento e che valute sono attualmente considerate le più interessanti nel mercato. L'obiettivo è che tu possa avvicinarti a questo mondo con tutta l'informazione possibile e decidere, con i numeri a portata di mano, se le criptovalute rappresentano l'investimento giusto per te, se hai davvero la possibilità di guadagnare con esse o se, più semplicemente, ti trovi di fronte a un'opportunità che non dovresti assolutamente lasciarti sfuggire.

Cominciamo?

Criptovalute e tecnologia blockchain

Come probabilmente già saprai, la maggior parte dei sistemi di pagamento opera su una rete centralizzata. Il problema è che con questo sistema si devono sostenere spese di transazione inutili e costose. Di questo si incarica generalmente un server centrale che tiene traccia dei diversi saldi. Inoltre, una banca può impiegare diversi giorni per comunicare con un'altra, il che rende l'invio di denaro costoso e dispendioso anche in termini di tempo.

Un programmatore che si fece conoscere come Satoshi Nakamoto trovò un modo per costruire un sistema di valuta digitale decentralizzato, evitando così la necessità di un sistema centralizzato. Lo descrive in modo sorprendentemente semplice nel *white paper* de Bitcoin. Un sistema decentralizzato significa che la rete è alimentata dai suoi utenti senza che nessuna terza parte, autorità centrale o intermediario la controlli. Né le banche centrali né i governi hanno alcun potere su di esso.

In altre parole, le criptovalute sono valute digitali che possono essere utilizzate per inviare in modo sicuro e digitale denaro a un'altra persona, senza dover fare affidamento su intermediari o terze parti fidate, come una banca o Visa, per esempio, per verificare che il denaro sia stato trasferito correttamente. Consentono anche di effettuare questo tipo di transazione molto più rapidamente e ad una frazione del costo, in quanto eliminano le inutili e costose spese di transazione.

Queste valute digitali forniscono anche una doppia sicurezza. La prima è che usano la tecnologia della crittografia (da cui il nome criptovaluta). La seconda è il fatto che dispongono di un libro mastro pubblico, dove sono memorizzate tutte le transazioni.

Migliaia di computer in tutto il mondo sono collegati tra di loro per visualizzare questo libro mastro, e vengono rinfrescati e aggiornati ogni pochi minuti. La rete di computer collegati in questo modo è chiamata *blockchain*. È altamente affidabile perché ogni transazione è stata verificata più e più volte da tutti i computer (la blockchain). E con migliaia di computer connessi in tutto il mondo che dicono la stessa cosa, l'integrità del libro mastro è intatta. In generale, ogni criptovaluta può avere la sua propria blockchain, anche se alcune sono condivise.

Per farti un esempio pratico, immaginati per un momento di inviare 20 euro a un amico, e che lo stesso amico invii i 20 euro a qualcun altro. In qualche modo, qualcuno deve tenere traccia di queste transazioni, per evitare falsificazioni o che una delle parti possa dichiarare di non aver ricevuto il denaro. In passato, le banche centrali o le banche tenevano i dettagli della transazione in quello che si conosce come libro mastro, basato, ovviamente, su un sistema centralizzato. Con Bitcoin, attualmente la principale valuta digitale al mondo, l'intero sistema è stato capovolto. Invece di un sistema centralizzato che controlla il libro mastro, ora migliaia di computer conservano ciascuno una copia dello stesso. Tutte le transazioni sono memorizzate lì, dall'inizio fino ad oggi. E questo sistema decentralizzato, è chiamato, come abbiamo visto, *blockchain*.

Per farti un altro esempio pratico, immaginati per un momento che tutte le tue informazioni finanziarie siano memorizzate in un unico foglio di calcolo, qualcosa di non particolarmente sicuro. Anche se avessi fatto un paio di backup infatti, sarebbe ancora troppo poco per offrire garanzie reali e permetterti di stare tranquillo.

Ebbene, ciò che fa la blockchain è permettere al foglio di calcolo di essere condiviso attraverso migliaia di database che sono continuamente aggiornati, in modo che ogni cambiamento sia registrato e nessun hacker possa corromperlo in un unico punto di ingresso. Questo perché dato che non c'è un singolo punto di ingresso, allora non c'è nemmeno un singolo punto di attacco.

A questo punto dobbiamo ricordare che il denaro in sé non ha un valore intrinseco: solo perché le persone pensiamo che lo abbia, vale qualcosa. Il denaro, infatti, è fondamentalmente un sistema di tracciamento: registriamo ciò che possediamo e ciò che dobbiamo, e questo è solo un altro modo di descrivere un libro mastro. Qualsiasi forma di denaro esista, gli diamo valore a causa della sua utilità come libro mastro (o un sistema per tracciare chi deve cosa). E questo, come abbiamo visto, è anche ciò che rappresenta una blockchain: un gigantesco libro mastro decentralizzato. E perché sono necessari così tanti computer? Gli inventori della blockchain hanno voluto che questo sistema funzionasse così per portare l'intera sicurezza del sistema un passo più avanti.

In questo modo, se c'è un disaccordo in alcuni computer della blockchain, qualunque cosa dica la maggioranza, per esempio il 51%, sarà considerata valida e quell'informazione sarà messa nel libro mastro di tutti i computer. E così, milioni di piccole transazioni sono documentate sulla blockchain ogni giorno, registrate per sempre, senza poter essere cambiate in seguito. In altre parole, l'informazione è intrappolata come prova inconfutabile e la transazione non può essere annullata. Ed è proprio questo è il punto centrale del sistema decentralizzato: i computer permettono che lo stesso continui a rimanere decentralizzato e in mano di molti, invece che sotto il controllo di una minoranza che cerca di governare tutti gli altri.

Bisogna sottolineare che gli usi della blockchain non sono solo strettamente finanziari. La tecnologia può anche essere utilizzata per memorizzare altre informazioni in modo pubblico e trasparente. Per esempio, i registri di voto in un'elezione o un contratto auto-esecutivo tra due parti che si compie quando entrambe hanno completato i rispettivi obblighi. La blockchain elimina la necessità di un intermediario, o di un revisore indipendente in questo caso, poiché la tecnologia stessa agisce come tale. Come vedi quindi, in teoria la tecnologia ha il potere di sostituire i contabili, gli avvocati e gran parte dell'industria dei servizi finanziari.

In altre parole, la tecnologia blockchain potrebbe essere utilizzata per trasferire praticamente tutto - criptovalute, beni tangibili, proprietà, ecc. - senza dover utilizzare un intermediario. E questo ha il potenziale di far risparmiare ai consumatori e alle imprese miliardi di dollari o euro all'anno che vengono spesi in commissioni di transazione. E mentre Bitcoin ha ottenuto più riscontro tra i consumatori, la tecnologia blockchain sta ricevendo un interesse crescente da parte delle imprese.

Ma nonostante la loro relativamente recente popolarità, gli aspetti tecnici delle criptovalute risalgono in realtà agli anni '80.
Il crittografo David Chaum fu il primo a teorizzare una criptovaluta quando inventò un algoritmo informatico criptato che permetteva un uso sicuro e inalterabile degli scambi tra due parti.
Successivamente, lo stesso Chaum fondò DigiCash, una delle prime aziende a produrre unità di moneta basate sul suo algoritmo.

È importante però notare che unicamente l'azienda DigiCash poteva produrre questa moneta, avendo così un modello diverso da Bitcoin e altre criptovalute in cui chiunque può minare (non preoccuparti, chiariremo questo concetto nelle prossime pagine) la moneta, purché in possesso della potenza di calcolo necessaria.

Dopo essersi imbattuta in problemi legali e aver rifiutato una partnership con Microsoft che avrebbe visto DigiCash abbinata a tutti i sistemi operativi Windows, l'azienda andò in bancarotta alla fine degli anni '90.

E-Gold, con sede negli Stati Uniti, è stato un altro tentativo fallito di creare una criptovaluta alla fine degli anni '90. L'azienda con sede in Florida dava ai suoi clienti "gettoni" d'oro elettronici in cambio di gioielli e monete antiche. Questi gettoni potevano essere scambiati con dollari americani. Il sito ebbe inizialmente molto successo e arrivò a registrare più di 1 milione di account attivi. Una delle strategie pionieristiche di E-Gold era che chiunque poteva aprire un conto. Tuttavia, questo portò ad una serie di truffe che si realizzarono attraverso lo stesso sito web. Inoltre, gli insufficienti protocolli di sicurezza resero possibili gravi attacchi di hacking. Alla fine, anche quest' azienda fallì nel 2009.

Insomma, la tecnologia blockchain e le criptovalute come le conosciamo oggi ebbero inizio con Bitcoin che venne rilasciato al pubblico all'inizio del 2009, momento i cui un gran gruppo di appassionati cominciò a minare, investire e scambiare la valuta. Il primo mercato Bitcoin venne istituito nel febbraio 2010.

Alla fine del 2012, la piattaforma di hosting e sviluppo di siti web Wordpress divenne la prima grande azienda a supportare il pagamento in Bitcoin.

Questo si considera un passo fondamentale perché offrì alla moneta digitale la credibilità che le mancava nel mondo reale e mostrò che i grandi nomi del mercato avevano fiducia in essa.

Criptovalute, Altcoin e Token

Nelle pagine seguenti, così come nei forum e nei siti web specializzati, sentirai parlare di criptovalute, altcoin e token. Diciamo che, anche se nel linguaggio quotidiano questi termini possono essere usati praticamente come sinonimi, è importante conoscere e prendere nota delle loro principali differenze e caratteristiche. Tieni anche presente che nel mondo delle criptovalute si usa un gran numero di termini specifici e per questo, nelle ultime pagine di questa guida, troverai un glossario di quelli che non avremo avuto modo di analizzare più a fondo nel corso del libro.

Come abbiamo appena visto, Bitcoin (BTC) è il primo esempio di "criptovaluta". Esiste sul suo libro mastro indipendente, cioè BTC è usato sulla blockchain di Bitcoin. Allo stesso modo, questa moneta può essere estratta, ricevuta e inviata. In generale, le criptomonete tendono a mantenere le caratteristiche principali delle valute tradizionali in quanto hanno una fornitura limitata e sono portatili, fungibili e divisibili. Anche se l'adozione al dettaglio rimane lenta, possono anche essere utilizzate come riserva di valore e di risparmio e per pagare beni e servizi.

Le altcoin, d'altra parte, sono così chiamate perché rappresentano ALTernative al Bitcoin, la criptovaluta numero uno. Molte di loro sono un fork di Bitcoin e sono state sviluppate utilizzando il suo protocollo open source. Questo è il caso, per esempio, di Dogecoin (DOGE) e Litecoin (LTC). Ma attenzione, nonostante la sua grande popolarità e il fatto che sia costruita su blockchain completamente nuove, anche Ethereum (ETH) è considerata un' altcoin.
In altre parole, per riconoscere un'altcoin, bisogna chiedersi se una data criptovaluta, che ovviamente non sia Bitcoin, è basata su una propria blockchain. Se la risposta è sì, allora si tratta di un'altcoin.

E i token? In questo caso stiamo parlando di asset digitali che possono essere utilizzati nell'ecosistema di un certo progetto e che, a differenza delle criptovalute, hanno bisogno di un'altra piattaforma blockchain per poter funzionare. Grazie alla sua funzione di contratto intelligente, Ethereum è attualmente la piattaforma più utilizzata per la creazione di token, e quelli generati qui sono spesso chiamati token ERC-20.

Nonostante possano essere utilizzati anche per i pagamenti, lo scopo principale dei token è diverso da quello delle criptovalute. La maggior parte di essi, infatti, sono generati per essere utilizzati nell'ambito delle DApps, o Applicazioni decentralizzate, cioè applicazioni che non sono gestite da fornitori di tecnologia e i cui utenti concludono accordi tra loro, senza bisogno di intermediari.
Quando questo accade, si parla di gettoni o token di "utilità". Il loro scopo è quello di offrire l'accesso al progetto al titolare, come nel caso del Basic Attention Token o BAT. Si tratta di un token ERC-20 (come abbiamo appena visto, generato grazie alla piattaforma blockchain Ethereum) creato per migliorare la pubblicità digitale. Come funziona? Gli inserzionisti acquistano annunci utilizzando token BAT, che vengono poi condivisi tra gli utenti del browser e gli editori per compensare la visualizzazione e l'hosting delle campagne.

Mining di criptovalute

Un altro termine che potresti aver già sentito e che probabilmente ha attirato la tua attenzione è il "mining" di criptovalute. In cosa consiste esattamente? Cosa significa il verbo "minare"?

Detto nel modo più semplice possibile, il mining di criptovalute è la risoluzione di un problema matematico grazie all'uso di una serie di computer. Ogni volta che uno di questi computer risolve correttamente il problema impostato dalla rete, viene premiato con una ricompensa, principalmente unità della criptovaluta che ha minato.

Immagina di avere una macchina che mina criptovalute, per esempio il tuo computer. Con esso devi eseguire compiti specifici affinché tu possa essere ricompensato con piccole quantità di criptovalute, un compito chiamato *Proof of Work*, in italiano Prova di Lavoro. Più minatori vogliono estrarre in un particolare *pool* minerario, più difficili saranno i problemi matematici da risolvere e questo richiederà l'uso di attrezzature più potenti.

Ma facciamo un passo alla volta.

Prima di tutto è necessario sapere che, dopo una lunga evoluzione, la crittografia è oggi ad uno stadio molto avanzato. E i suoi principali elementi applicati sono le firme digitali e gli algoritmi di *hash* delle criptovalute (algoritmi che mirano a produrre una singola stringa di lunghezza fissa, il valore di hash, per qualsiasi tipo di dati).
Dopodichè, bisogna tenere presente che in generale, le criptovalute sono progettate per ridurre gradualmente la produzione di attivi criptografici, che hanno gli stessi attributi dei metalli preziosi come l'oro. Questo significa che con il passare del tempo, il mining diventa sempre più difficile perché la ricompensa è destinata a ridursi a zero.

E per quanto riguarda il mining di criptovalute, stiamo parlando del processo utilizzato dai cosiddetti "minatori" per utilizzare la potenza di calcolo (*hashing*) per ottenere ricompense, cioè criptovalute. In altre parole, si tratta di registrare le transazioni della blockchain, in cambio di una ricompensa che viene consegnata sotto forma della stessa criptovaluta che viene minata.

Il mining richiede un'elevata potenza di calcolo e una rete elettrica molto stabile. È anche necessario che tutti i membri della rete di mining siano d'accordo sull'accuratezza e la forza della blockchain.

Per minare le criptovalute, è allo stesso tempo essenziale disporre di un software specifico che possa risolvere problemi matematici, e verificare che un blocco sia un blocco. I blocchi stessi vengono aggiunti alla blockchain ogni dieci minuti circa. Quando il software risolve finalmente la transazione, il minatore riceve la sua ricompensa sotto forma di criptovalute. In altre parole, più velocemente questi problemi matematici vengono elaborati dall'hardware del minatore, più è probabile che il minatore riceva la sua ricompensa.

Per il mining, è necessario un hardware specifico per ogni valuta. Quindi, a seconda della stessa, potrebbe essere necessario un computer con una scheda grafica GPU ad alte prestazioni, o un miner ASIC (computer per il mining specifico per la valuta). Come indicato, bisogna anche disporre di una connessione di rete che sia stabile e che possa essere mantenuta aggiornata.
L'alimentazione deve essere a basso costo (per non incidere troppo sui profitti) e altrettanto stabile.

Durante il mining, l'hardware viene messo al servizio di una rete di criptovalute, fornendo la sua potenza per confermare la validità delle transazioni effettuate sulla rete. Dopo essere state convalidate, le transazioni stesse sono divise in blocchi che sono aggiunti alla blockchain. Per il minatore, per ogni nuovo blocco aggiunto alla stessa, viene generata una ricompensa. Questa si compone di due parti: le nuove criptovalute messe in circolazione e le commissioni degli utenti che partecipano alle transazioni del nuovo blocco. Perché tu possa farti un'idea, attualmente, per ogni blocco completato, i minatori ricevono circa 6,25 BTC e ricevono commissioni di transazione.

Il processo di mining, oltre a generare i vantaggi appena indicati per il minatore, è essenziale per fornire SICUREZZA alla rete.

Ma... si tratta di un processo che potrà continuare all'infinito?

Il numero limitato di Bitcoin (21 milioni per essere esatti) è una delle ragioni che rende questa criptovaluta così preziosa. Ma dato che la sicurezza della rete è supportata dal lavoro dei minatori che sono ricompensati per ogni blocco di transazioni che chiudono, molti si chiedono cosa succederà una volta che tutti i Bitcoin saranno stati estratti e, di conseguenza, non ci sarà più alcuna ricompensa o incentivo.
In altre parole, le commissioni di transazione saranno sufficienti per continuare a operare? La risposta sembra essere sì, dato che diventeranno una parte molto più sostanziale della ricompensa totale entro il 2030. E quando arrivino a rappresentare già più del 50%, i minatori allineeranno il loro modello di lavoro a queste commissioni piuttosto che al mining di Bitcoin.

Così, mentre nessuno può sapere esattamente come si evolverà la situazione, l'evidenza suggerisce che questo cambiamento nelle commissioni di transazione permetterà di mantenere il lavoro dei minatori e, di conseguenza, l'intera rete Bitcoin. Soprattutto considerando che, con il passare degli anni, il BTC aumenterà di valore e con esso le sue tariffe, cosa che renderà il lavoro dei minatori economicamente redditizio.

Se il mining di criptovalute ha attirato la tua attenzione, è possibile che tu ti stia domandando di cosa potresti aver bisogno per minare e se questa potrebbe essere un'opzione fattibile nel tuo caso.

Se è così, la prima cosa che devi sapere è che il mining di Bitcoin è molto complicato al giorno d'oggi. Dato che stiamo parlando di una valuta così popolare, ci sono pochi pool e un gran numero di minatori in tutto il mondo che lottano per un po' di Bitcoin. Quindi la cosa migliore per te potrebbe essere quella di iniziare con Ethereum o qualche altra altcoin. Ethererum, infatti, è stato sviluppato in modo tale che un mining efficiente sia possibile solo con GPU o schede grafiche. Bitcoin, d'altro canto, viene estratto quasi esclusivamente utilizzando un hardware ASIC specializzato. Con questa scelta, gli sviluppatori di Ethereum volevano essere sicuri che il mining sarebbe sempre risultato possibile per le persone con computer e attrezzature standard, anche dopo una crescita significativa della rete e un aumento del tasso di difficoltà.

Ci sono tre diversi approcci che puoi seguire nel caso in cui tu decida di estrarre ETH, e lo stesso sistema può essere usato in modo quasi identico anche con altre criptovalute. Vediamoli brevemente a continuazione.

Mining pool

Minare in una pool è probabilmente il modo più facile e veloce per iniziare. Se scegli questa opzione dovrai collaborare con altri individui e, i minatori della stessa pool, vi metterete d'accordo per far sì che se uno di voi risolve il puzzle crittografico, il "bottino" sarà distribuito tra tutti secondo l'*hashpower* contribuito.

Misurata precisamente in hashpower, la dimensione della pool determina in media quanti blocchi la squadra trova e la ricompensa che ci si può aspettare. Ma ricorda che quando scegli una pool devi considerare tre cose fondamentali: il guadagno minimo, la quota della pool e le sue dimensioni.
Nel caso in cui una pool abbia quote più alte del 3%, dovresti cercarne un'altra con commissioni più basse.

Tieni anche a mente che le ricompense variano notevolmente a seconda della pool che si sceglie di utilizzare, quindi non dimenticare di controllare il sistema di pagamento di ognuna di quelle che stai valutando in dettaglio. Infine, a seconda della pool, puoi richiedere le tue ricompense manualmente o scegliere di farle inviare automaticamente al tuo portafoglio una volta raggiunto il livello minimo di pagamento.

Mining in solitario

L'aspetto più positivo di questa opzione è che non si devono pagare le quote della pool o competere con altri minatori per la ricompensa. Ma la realtà è che per poter anche solo pensare di risolvere uno dei problemi crittografici in un tempo accettabile, sono necessarie decine di GPU. Pertanto, questa è un'opzione valida solo per i minatori professionisti.

Cloud mining

Il cloud mining consiste nel pagare qualcun altro per minare al posto tuo. Quindi non devi essere tu a possedere e usare un hardware adatto al mining, ma devi affittare la potenza di calcolo a una terza parte e lasciarle fare il lavoro. A cambio del pagamento dell'affitto, otterrai la tua ricompensa. Ma attenzione: per il cloud mining devi poterti fidare al 100% della tua controparte, soprattutto perché non hai alcuna garanzia che il denaro che pagherai in anticipo verrà effettivamente utilizzato per far funzionare l'attrezzatura di mining.

Se hai trovato questi concetti un po' complicati, non preoccuparti: anche se il mining è una parte fondamentale delle criptovalute, non è il modo in cui la maggior parte delle persone genera profitti in questo mercato. Quindi continua a leggere, perché nelle prossime pagine scopriremo interessanti strategie di investimento sia per gli investitori esperti che per quelli alle prime armi.

Criptovalute Vs Valute tradizionali

Concentriamoci adesso sulle criptovalute in quanto tali. Tutte le valute del mondo, e di qualsiasi tipo, devono soddisfare tre regole fondamentali. In primo luogo, devono essere difficili da produrre (come i contanti) o da trovare (come l'oro o altri metalli preziosi). Devono anche esistere in quantità limitata. E infine, come indicato prima, è imperativo che altri esseri umani riconoscano il loro valore.

Usando Bitcoin (BTC) come esempio, possiamo vedere che soddisfa tutte e tre le caratteristiche:

1) Bitcoin utilizza algoritmi informatici complessi nella sua produzione, che richiedono un'elevata potenza di calcolo e non possono essere facilmente replicati.

2) Esiste una fornitura finita di Bitcoin. Nel 2015, circa 2/3 dei suoi 21 milioni erano già stati estratti.

3) Centinaia di scambi di Bitcoin hanno luogo ogni giorno e questa criptovaluta viene gradualmente accettata in sempre più luoghi e mercati.

La vera differenza tra le criptovalute e le valute tradizionali (conosciute anche come denaro Fiat o *fiat money*) è che generalmente non sono legate a nessun paese, nazione o istituzione. Come avrai probabilmente notato, non ci sono Bitcoin statunitensi, né Etherheum tedeschi o nulla del genere. Invece, come abbiamo visto prima, queste valute sono decentralizzate.

Bitcoin è stato anche progettato come una "moneta deflazionaria", il che significa che il suo valore dovrebbe aumentare, in teoria, intrinsecamente nel tempo. Le valute fiduciarie, invece, sono inflazionate e finiscono per diminuire di valore. Pensa solo che nel 1917, un dollaro valeva l'equivalente di circa 20 dollari di oggi. In altre parole, il dollaro americano vale attualmente 20 volte meno di 100 anni fa! E con il passare del tempo, potrai comprare sempre meno beni con questa moneta.

Con Bitcoin, invece, dovrebbe essere vero l'esatto contrario. Inoltre, anche se Bitcoin offre un senso di incertezza basato sul principio di decentralizzazione, il suo potenziale deve essere visto dalla prospettiva opposta. Con nessun singolo ente responsabile della fornitura di denaro, tutti gli attori (governo, imprese e consumatori) sono costretti a essere trasparenti nei loro processi, riducendo il rischio di frode o manipolazione. E questo è il fattore dominante per cui così tanti investitori sono fiduciosi nella vitalità a lungo termine di questa valuta.

Un argomento comune dei detrattori di Bitcoin è che senza il sostegno del governo, la moneta potrebbe alla fine collassare completamente. Tuttavia, abbiamo visto questo accadere numerose volte con la moneta fiat in scenari di iperinflazione, quando i governi non possono più assicurare il valore del loro denaro e quindi devono creare una moneta completamente nuova. Come forse ricorderai, nella Repubblica di Weimar in Germania negli anni '20, la moneta perse così tanto valore che le banconote finirono per essere usate come carta da parati.
I sostenitori di Bitcoin, invece, vedono le criptovalute come uno strumento a prova di recessione.

Allo stesso modo, il costo delle transazioni internazionali è un'altra area in cui le criptovalute hanno un enorme vantaggio sulle valute tradizionali. Se hai dovuto inviare denaro all'estero, saprai bene che il costo di elaborazione di queste transazioni può raggiungere livelli esorbitanti. A volte, infatti, le tasse superano addirittura il 10%. Ma poiché le criptovalute non contemplano le transazioni internazionali, per il semplice fatto che non esistono "nazioni", ci sono commissioni minime per inviare denaro in qualsiasi parte del mondo.

La velocità delle transazioni transfrontaliere è anche molto più alta che con le normali valute fiat.

Infatti, una transazione Bitcoin impiega circa 10 minuti invece dei giorni interi necessari per i trasferimenti bancari internazionali, e altre criptovalute elaborano le transazioni ancora più rapidamente.

Un altro vantaggio delle criptovalute da considerare sono i minori rischi che il loro uso può comportare. Al giorno d'oggi, le persone pagano per lo più i loro acquisti utilizzando carte di credito, di debito e altre carte disponibili come metodo di pagamento nella loro nazione.
Usando una carta, il consumatore sta dando al destinatario finale l'accesso alla sua intera linea di credito. Non importa quanto piccolo sia l'importo della transazione, il fatto che qualcuno dia a qualcun altro la sua carta per accedere al suo conto è di per sé una forma di "intrusione". Oggi, questa "intrusione" è generalmente considerata sicura grazie all'uso di diverse misure di sicurezza come, per esempio, il PIN personale. Ma, in ogni caso, il negozio o l'azienda inizia l'elaborazione dell'addebito "prelevando" l'importo designato dal conto utilizzando le informazioni fornite sulla carta.

Le criptovalute non funzionano così. Invece di un meccanismo di "prelievo", queste "spingono" l'importo da pagare o ricevere ad altri possessori di criptovalute senza bisogno di ulteriori informazioni. I pagamenti sono insomma possibili senza che le informazioni personali debbano collegarsi alla persona o alla transazione. L'account può quindi essere sottoposto a backup e criptato per garantire la sicurezza del denaro.
In generale, permettere agli utenti di avere il controllo delle loro transazioni aiuta a mantenere la sicurezza di Bitcoin, Ethereum e delle altre principali criptovalute.

I lati negativi delle criptovalute

Abbiamo discusso molti dei punti positivi delle criptovalute, ma non dobbiamo dimenticare che queste presentano anche degli innegabili svantaggi.

In primo luogo, nel caso della moneta tradizionale, le banche centrali governano l'autorità del denaro di una nazione. Nessuna autorità superiore può improvvisamente decidere che non vuole più usare la valuta del suo paese per il commercio. Ci sono procedure, documenti da presentare, approvazioni e molti altri protocolli da seguire.
Invece, questo non è il caso delle criptovalute. Non c'è una banca centrale che governa Bitcoin, il che significa che nessuno può garantire la sua valutazione minima.
Il suo valore, per esempio, potrebbe crollare se un grande gruppo di investitori decidesse semplicemente di "scaricare" quella particolare criptovaluta e abbandonare il sistema. E così facendo, lascerebbe altri utenti che hanno investito centinaia o migliaia di dollari o euro in Bitcoin con gravi perdite. Inoltre, non ci sarebbe nessuno a cui rivolgersi per reclamare queste perdite, e nessuna regola che potrebbe aiutare a compensarle.

Al di fuori della realtà delle criptovalute, se fai un acquisto ma non ricevi il tuo ordine, puoi sempre chiamare il fornitore del servizio bancario, o recarti in una banca fisica per spiegare cosa è successo. Se paghi con una Visa e sei in grado di dimostrare che non hai ricevuto il servizio contrattato, la compagnia della carta di credito rimborserà la spesa.
Ma, ancora una volta, non è così che funzionano le criptovalute. Prima di tutto, le stesse non hanno una banca che faccia da intermediario e possa aiutarti. Non c'è un numero da chiamare per chiedere di parlare con qualcuno, nessun indirizzo email a cui scrivere.

Pertanto, se compri un prodotto usando i Bitcoin ma non ricevi il tuo articolo, non c'è niente che tu possa fare per annullare la transazione o chiedere un rimborso. Non puoi denunciare l'accaduto alla polizia né a qualsiasi tipo di autorità.
Quindi ricordati che le transazioni in criptovaluta non sono reversibili. Una volta che hai inviato del denaro a un indirizzo non puoi più riaverlo indietro. Quindi assicurati sempre di controllare che stai inviando le tue criptovalute al giusto indirizzo e nella giusta valuta.

Uno dei maggiori punti di forza delle criptovalute rappresenta anche una grande debolezza del sistema. Questo perché l'anonimato che questo tipo di monete fornisce permette loro di essere utilizzate per facilitare operazioni di mercato nero su larga scala e il riciclaggio di denaro.
Per esempio, Silk Road - un mercato nero del dark web – era utilizzato come piattaforma per le droghe illegali. E tutti i pagamenti erano effettuati in Bitcoin per proteggere l'anonimato di acquirenti e venditori. Il sito venne chiuso nel 2013 dopo aver accumulato entrate per 1,2 miliardi di dollari e il suo fondatore, Ross William Ulbricht, venne condannato all'ergastolo.

Un altro uso nefasto della criptovaluta è il ransomware. Questo termine si riferisce al software maligno che gli hacker installano nel computer di un utente per poi chiedere il pagamento in Bitcoin a cambio di permettere alla vittima di riottenere l'accesso ai suoi dati. Ovviamente, l'uso delle criptovalute rende più facile per le persone dietro a questi attacchi di ricevere tranquillamente il "riscatto" senza rivelare la loro identità.

Come è inevitabile infatti, anche nel mondo delle criptomonete esiste un problema generale di hacker che sono stati responsabili di alcuni dei più grandi crash nel mercato di queste valute.

L'exchange di Bitcoin Mt. Gox, con sede a Tokyo, subì perdite per più di 27,2 milioni di dollari, e gli utenti persero circa 460 milioni di dollari in Bitcoin, dopo che questo venne attaccato, anche a causa dei suoi scarsi protocolli di sicurezza, nel 2011.

Allo stesso modo, Bitfinex, un exchange con sede a Hong Kong, venne attaccato nel 2016 e i suoi clienti persero circa 72 milioni di dollari in Bitcoin.

Ma attenzione. È imperativo chiarire che qualsiasi incidente di hacking legato alle criptovalute è stato effettuato a livello di exchange o di portafoglio, non a livello tecnologico.

D'altra parte, se adeguatamente protette, le criptovalute possono facilitare l'abbandono del contante che finirà per rovinarsi con il passare del tempo. Dal momento che i dati sono criptati e memorizzati online, non c'è modo per nessuno (tranne che per i potenziali hacker) di accedere a questi fondi.

Tuttavia, questo implica una grande responsabilità da parte dell'utente. Nessuno è perfetto e tutti possono perdere qualcosa o dimenticare una password. E c'è sempre la possibilità di perdere le chiavi crittografiche private se queste sono conservate, per esempio, su carta. Inoltre, i dispositivi possono essere danneggiati o rubati se si utilizzano portafogli offline per le criptovalute (per tua tranquillità, sappi che parleremo di come minimizzare i rischi da questo punto di vista nelle prossime pagine.)

Parlando di potenziali problemi, bisogna anche prendere in considerazione i pericoli della disinformazione. I media, per esempio, possono far apparire informazione non veritiera, tanto in senso negativo come positivo, su questo mercato.

Affermazioni come "Bitcoin è meglio dell'oro", per esempio, non fanno che danneggiare la tecnologia a lungo termine.

Per un altro esempio possiamo tornare al giugno 2017, quando il mercato di Ethereum crollò brevemente a seguito di voci infondate perpetuate dai media secondo cui il suo fondatore, Vitalik Buterin, era morto in un incidente stradale. Il risultato? Il valore del mercato crollò di circa 4 miliardi di dollari in meno di 24 ore. Questo dimostra che la volatilità del mercato in generale è anche soggetta alla manipolazione di forze esterne. E queste brusche cadute e risalite sono qualcosa che devi essere disposto ad accettare quando investi in criptovalute. Inoltre, i lanci di nuove monete sono in costante aumento e nessuno sa veramente quali scompariranno e quali sono qui per restare. A causa di questa incertezza, è facile osservare oscillazioni di prezzo di più del 30% in su o in giù in un solo giorno. Quindi non dimenticare mai la regola numero uno quando si tratta di criptovalute: investi solo i soldi che sei disposto a perdere.

Come e dove comprare criptovalute

Se hai deciso di comprare criptovalute, devi innanzitutto sapere che avrai bisogno di acquistare Bitcoin o Ethereum usando denaro fiat (USD, EUR, GBP, ecc.). Poi, usando queste stesse criptovalute, potrai comprare anche altre altcoin, cioè altre criptovalute.

E dove comprare Bitcoin? Puoi farlo attraverso un exchange o in speciali bancomat di criptovalute. Un'altra opzione è quella di avere qualcuno che invii Bitcoin direttamente al tuo portafoglio.

I marketplace di exchange rappresentano in generale l'opzione più comune e sono siti web che ti permettono di comprare, vendere e scambiare criptovalute per altre valute digitali o valute fiat come il dollaro o l'euro. Kraken, per esempio, è uno dei più grandi.
La maggior parte delle piattaforme di Exchange di Bitcoin sia negli Stati Uniti che nel Regno Unito richiedono una forma di verifica dell'identità per i depositi e i prelievi. Le verifiche possono richiedere anche diversi giorni, ma questo è per proteggere gli scambi da qualsiasi tipo di riciclaggio di denaro. Come indicato, una volta che hai scambiato denaro fiat con Bitcoin, sarai in grado di acquistare altre valute.
Negli exchange, così come nei mercati dei cambi tradizionali, i prezzi fluttuano quotidianamente e sono aperti 24 ore al giorno. Questi mercati guadagnano denaro facendo pagare una piccola tassa per ogni transazione. Alcuni fanno pagare sia i compratori che i venditori, altri fanno pagare solo una commissione sull'acquisto.

È anche importante considerare il tipo di pagamenti supportati da ogni mercato. Alcuni permettono pagamenti con carta di debito/credito mentre altri accettano solo PayPal o bonifici.

Se un particolare exchange ha metodi di pagamento molto limitati, allora potrebbe non essere la scelta migliore. Come abbiamo visto, per ragioni di sicurezza, la maggior parte di questi sistemi ti richiederà di verificare la tua identificazione prima di permetterti di comprare criptovalute. Infatti, l'acquisto di criptovalute con carta di credito richiederà sempre la verifica dell'identità e avrà un prezzo più alto per aumentare le misure di sicurezza.

Controlla sempre le commissioni per l'utilizzo di carte di credito o di debito, perché possono essere molto alte, e ricorda che l'acquisto di criptovalute tramite bonifico bancario richiederà più tempo perché le banche impiegano più tempo per elaborarle.

Prima di iniziare uno scambio sul sito selezionato, è essenziale che ti assicuri di aver raccolto abbastanza informazioni su di esso, attraverso le opinioni di trader professionisti e i siti più noti del settore. Questo perché non tutti i mercati di scambio offrono gli stessi tassi. Pertanto, ricordati di guardarti bene intorno e di non optare immediatamente per il primo exchange che trovi. Questo potrebbe marcare una grande differenza per il tuo investimento, dato che le criptovalute fluttuano in valore fino al 10% e anche di più in alcune circostanze.

La maggior parte degli Exchange offrono informazioni sulle tariffe nei loro siti web. Quindi, prima di sceglierne uno, assicurati di capire anche come operano in termini di commissioni di deposito, transazione e ritiro.

Di seguito, diamo un'occhiata ad alcuni dei più grandi e rispettabili exchange per l'acquisto di BitCoin, Ethereum e altri altcoin con valuta fiat come euro, dollari o sterline.

Binance

Fondata nel 2017 da Changpeng Zhao, Binance è un exchange *peer-to-peer* (P2P) con uffici a Malta e Taiwan. Ad oggi, è considerato il più grande exchange del mondo. La sua piattaforma offre la possibilità di scambiare circa 200 tipi di asset digitali, può elaborare 1.400.000 transazioni al secondo e ha un volume di scambio medio di 2.000.000.000 al giorno. La sua piattaforma è accessibile da qualsiasi tipo di dispositivo.

Il sito web è: https://www.binance.com/it

Coinbase

Coinbase, un altro dei principali exchange di criptovalute al mondo, permette agli utenti di comprare, vendere e conservare monete digitali. A mio parere, rappresenta una delle opzioni più semplici per qualsiasi principiante che voglia entrare in questo mondo.
Attraverso la piattaforma, una volta verificata la tua identità, puoi comprare criptovalute in pochi minuti usando una carta di debito o di credito. Attualmente Coinbase permette il trading di Bitcoin, Ethereum, Solana, Cardano e altre criptovalute popolari usando la valuta fiat come base. È noto per le sue eccellenti procedure di sicurezza e le polizze assicurative relative al denaro immagazzinato. Dispone anche di un'applicazione per iPhone e Android completamente funzionale per comprare e vendere in qualunque momento e che può risultare estremamente utile.

Il sito web è: https://www.coinbase.com/es/

Kraken

Con sede in Canada, è attualmente il più grande exchange in termini di volume di acquisti in euro, nonchè un punto di riferimento in Europa. Supporta anche un gran numero di criptovalute e permette il trading a margine, che, sebbene sia qualcosa fuori dalla portata di un principiante, sarà certamente interessante per i trader più esperti.

Il sito web è: https://www.kraken.com/es-es/

Poloniex

Con oltre 100 diverse criptovalute disponibili e analisi dei dati per i trader più avanzati, Poloniex è l' exchange più completo sul mercato e, certamente, uno dei più iconici.
Le basse commissioni di trading sono un altro vantaggio, e permettono di scambiare Bitcoin o Ethereum con altre criptovalute. Il grande svantaggio di Poloniex è che non supporta depositi in valuta fiat, quindi dovrai fare il tuo primo acquisto di criptovalute su Coinbase o Kraken.

Il sito web è: https://poloniex.com/

E Toro

E Toro è un broker specializzato nel social trading e gestisce una vasta gamma di strumenti finanziari come azioni, valute, futures e, naturalmente, criptovalute. Attualmente ha sede nel Regno Unito, a Cipro e in Israele. Sulla piattaforma, gli utenti possono parlare delle loro esperienze di investimento in modo che altri possano imparare da loro.

E Toro offre alti livelli di sicurezza e ottime garanzie di investimento.

Il sito web è: https://www.etoro.com/it/

Coinmama

Coinmama è una piattaforma altamente raccomandata per i principianti in quanto ha funzioni molto chiare, semplici e facili da trovare. Ti permette di scambiare denaro fiat con diversi tipi di criptovalute. L'unico svantaggio è che richiede una tassa di transazione abbastanza alta, oltre a far pagare agli utenti una commissione fino al 5% per ogni transazione.

Il sito web è: https://www.coinmama.com

Le principali criptovalute

Come avrai probabilmente notato, oltre all'iconico Bitcoin, un gran numero di nuove criptovalute stanno emergendo con diverse caratteristiche e vantaggi. Come indicato, ci sono attualmente più di 10.000 diverse monete digitali in circolazione. Alcune sono perfettamente legittime e altre possono non esserlo. Sarebbe impossibile parlare di tutte in queste pagine, quindi è molto importante che tu faccia le tue ricerche prima di investire in una di esse.

In ogni caso, di seguito esamineremo alcune delle principali criptovalute e le informazioni più rilevanti su ciascuna di esse. I prezzi di queste monete vanno da meno di un dollaro a più di 300 dollari per criptovaluta, quindi ce n'è davvero "per tutti i gusti".

Una cosa da tenere in mente è che le criptovalute sono divisibili, a differenza delle azioni regolari. Per esempio, non puoi comprare meno di 1 azione di Apple. Invece, è perfettamente possibile acquistare una frazione di Bitcoin o un'altra criptovaluta. Ciò significa che anche con una piccola quantità di denaro iniziale, si ha la possibilità di investire in questo mercato.

Va anche ricordato che dal 1° agosto 2017, Bitcoin e Bitcoin Cash operano come due valute separate.

Inoltre, è importante sottolineare che nuove monete escono nel mercato quasi ogni giorno. Pertanto, se vuoi ottenere una lista completa e aggiornata di tutti gli exchange che offrono la criptovaluta di tuo interesse, puoi, per esempio, visitare http://coinmarketcap.com.

In ogni caso, prima di investire in criptovalute ci sono alcuni aspetti importanti da prendere in considerazione, che discuteremo in modo più approfondito nei prossimi capitoli di questo libro.

Ovviamente non è essenziale conoscere tutti i dettagli tecnici di una criptovaluta, tuttavia, ci sono alcune considerazioni di base su cui dovresti avere le idee ben chiare. Per esempio, chiediti sempre che tipo di problema quella particolare valuta mira a risolvere, se ha monete concorrenti e, se sì, quali sono i possibili vantaggi a suo favore.

Cerca di conoscere il team dietro la moneta e la sua storia. Investiga per scoprire quanto è trasparente il suo codice e se è open source. Un'altra questione importante è capire se esiste una figura pubblica che si assume la responsabilità di eventuali problemi con lo sviluppo o l'adozione della moneta.

Con questi concetti bene in mente, diamo ora un'occhiata alle principali criptovalute una per una.

Bitcoin (BTC)

Prezzo al momento della scrittura di questo libro (gennaio 2022): 38. 209,48 EUR

La criptovaluta che ha iniziato tutto è oggigiorno uno degli attivi più importanti del mondo e vale già più di giganti internazionali come PayPal.

A causa del suo prezzo attuale, molti dicono che comprare Bitcoin non è più alla portata dell'investitore standard. Ma ci sono diverse cose da tenere a mente.

In primo luogo, come indicato prima, le criptovalute non funzionano come le azioni, nel senso che sono divisibili. Quindi, se si volessi investire in Bitcoin, non saresti obbligato a comprare una moneta intera, ma potresti perfettamente comprare frazioni di essa. In altre parole, anche se hai solo 100 euro a tua disposizione, puoi ancora tuffarti nel mercato dei Bitcoin.

In secondo luogo, il ruolo di Bitcoin come forma di "oro digitale" continua a renderlo la criptovaluta di maggior valore al mondo. E anche per questo che è così importante disporre di Bitcoin nel proprio portafoglio, soprattutto considerando che molti movimenti di prezzo di altre valute sono legati ad esso. Come indicato, un'altra ragione per cui qualsiasi portafoglio dovrebbe contenere Bitcoin è che se si desidera acquistare alcune delle criptovalute meno conosciute, si dovrà farlo attraverso gli scambi di Bitcoin, non potendo acquistarle direttamente con denaro fiat.

In generale, uno dei principali vantaggi rispetto alle altre criptovalute è che i Bitcoin sono impossibili da contraffare o gonfiare. La ragione è che ci sono solo 21 milioni di Bitcoin creati per il mining, né più né meno. Pertanto, si prevede che entro l'anno 2140, saranno stati tutti estratti.

Bitcoin Cash (BCH/BCC)

Prezzo al momento della scrittura di questo libro (gennaio 2022): 339,76 EUR

Bitcoin Cash è emerso come risultato di una divisione o *hard fork* di Bitcoin il 1° agosto 2017. L'obiettivo finale di Bitcoin Cash è quello di funzionare come una valuta globale.
La scissione è avvenuta a causa di problemi con la capacità di Bitcoin di elaborare transazioni ad alta velocità. Per esempio, la rete Visa elabora circa 1.700 transazioni al secondo, mentre Bitcoin ha una media di circa 7. E mentre la rete continua a crescere, così fanno i tempi di attesa delle transazioni.
Quindi BCC mira a realizzare più transazioni e a fornire commissioni di transazione più basse. Come?

In primo luogo, aumentando la dimensione di ogni blocco, in modo che più dati possano essere elaborati contemporaneamente. Questo è in linea con la necessità di risolvere i problemi di scalabilità che Bitcoin ha affrontato in precedenza. La tecnologia sembra poter funzionare a breve termine, con il primo blocco di Bitcoin Cash che ha registrato 7.000 transazioni rispetto alle 2.500 di Bitcoin.

A lungo termine, il successo o il fallimento di Bitcoin Cash dipenderà in gran parte dalla capacità di elaborare le transazioni più velocemente per agire veramente come una valuta, piuttosto che un bene speculativo.

Non dimenticare che, a seconda del tuo exchange, Bitcoin Cash può utilizzare il token BCC o BCH, quindi controlla due volte prima di eseguire qualunque operazione.

Ethereum (ETH)

Prezzo al momento della scrittura di questo libro (gennaio 2022): 2.924,17 EUR

Prima di tutto, ricordati che online troverai i termini "Ethereum" e "Ether" in modo intercambiabile.

Mentre il Bitcoin ha dominato lo spazio delle criptovalute tra il 2008 e il 2016, l'ascesa di Ethereum è iniziata nel 2017. Questa criptomoneta ha avuto un impatto immediato grazie ad alcune importanti innovazioni.

In ogni caso, va notato che Ethereum stesso non è una criptovaluta, ma una piattaforma basata sulla tecnologia blockchain.

Tuttavia, i token chiamati "ether" sono scambiati su diversi exchange. Possono essere utilizzati per effettuare pagamenti sul mercato della blockchain di Ethereum o scambiati con altre criptovalute o denaro fiat.

In ogni caso, la forza di Ethereum è una tecnologia rivoluzionaria conosciuta come "contratti intelligenti", qualcosa che potrebbe anche sostituire avvocati e contabili. Di cosa si tratta? Fondamentalmente di contratti programmabili che utilizzano la tecnologia blockchain e che possono essere impostati per essere eseguiti automaticamente una volta che una certa serie di condizioni vengono soddisfatte. Per esempio, un deposito automatico di 25 ether potrebbe apparire nel portafoglio della persona A, una volta che la persona A ha completato con successo un compito per la persona B.

In questo modo, la persona B non ha modo di rompere il contratto se le condizioni sono soddisfatte, poiché la blockchain stessa le farà rispettare.

Ethereum può anche essere usato per costruire un'Organizzazione Autonoma Decentralizzata (DAO). Una DAO è un'organizzazione completamente autonoma e senza un leader, che viene gestita programmando il codice in una collezione di contratti intelligenti scritti sulla blockchain di Ethereum. Le DAO sono progettate per sostituire la struttura di un'organizzazione tradizionale e, come Bitcoin, eliminano la necessità di persone e di un controllo centralizzato.

Se in questo momento stai pensando che le potenziali applicazioni dei contratti intelligenti sono enormi... beh, hai perfettamente ragione. Stiamo parlando, per esempio, della possibilità di creare un testamento auto-esecutivo o di istituire un intero governo. In altre parole, l'adozione di questa tecnologia da parte di qualsiasi grande istituzione ha il potenziale per inviare il prezzo di Ethereum alle stelle.

Ripple (XRP)

Prezzo al momento della scrittura di questo libro (gennaio 2022): 0,69 EUR

Ripple è una criptovaluta ma anche una piattaforma di protocollo open source progettata per facilitare transazioni economiche e veloci.

A differenza di Bitcoin, Ripple può governare le transazioni internazionali in tutto il mondo.

Lanciato nel 2012, questa criptovaluta mira infatti a consentire transazioni finanziarie globali sicure, quasi istantanee e praticamente gratuite. Le transazioni Ripple vengono elaborate in una media di 4 secondi e sono destinate a sostituire le transazioni più costose e lente di, per esempio, Wester Union o SWIFT.

Molte istituzioni bancarie globali usano già l'infrastruttura di pagamento di Ripple, compresi giganti come BBVA, Bank of America e UBS. Utilizzando le piattaforme di pagamento della criptovaluta, le banche potrebbero convertire le monete senza problemi, eliminando la necessità di valute intermedie come euro, dollari o sterline.

Ripple funziona su una piattaforma open source decentralizzata e permette il trasferimento di denaro in qualsiasi forma, sia valuta fiat che criptovaluta.

Un'altra delle sue caratteristiche è che utilizza un intermediario nelle transazioni monetarie. Questo intermediario, noto come "*Getaway*", agisce come un collegamento nella rete tra due parti che desiderano effettuare una transazione.

In altre parole, Gateway funziona come un intermediario del credito che riceve e invia monete a indirizzi pubblici attraverso la rete Ripple. Questo è il motivo per cui Ripple è meno popolare rispetto ad altre valute digitali. Inoltre, è spesso criticato per il fatto che, secondo i più, le criptovalute sono una risposta al dominio dell'attuale sistema bancario e Ripple lavora giustamente con le banche.

Potremmo dire che Ripple agisce come un ponte verso altre valute, sia fiat che criptovalute, e rende possibile che, nella sua rete, tutte le monete possano essere scambiate tra di loro.

Se l'utente A vuole i Bitcoin come forma di pagamento per i suoi servizi da B, allora B non deve necessariamente possedere Bitcoin. E può pagare A usando euro, dollari o qualsiasi altra valuta. In questo modo, A riceverà Bitcoin convertiti dai dollari o dagli euro del suo Gateway.

A differenza di Ethereum o Bitcoin, Ripple non ha una rete blockchain (qualcosa che può sembrare un po' strano parlando di una criptovaluta, lo so) ma una propria tecnologia brevettata: il RPCA o Ripple Protocol Consensus Algorithm.

In questo caso, la parola "consenso" indica che se ogni nodo è d'accordo con gli altri, tutto va bene. Ma se anche uno solo di loro non lo è, non è possibile avanzare finché non si capisce qual è il problema.

Dash (DASH)

Prezzo al momento della scrittura di questo libro (gennaio 2022): 123,62 EUR

Dash si concentra sulla velocità delle transazioni e sull'anonimato come i suoi due principali punti di forza. Precedentemente noto come Darkcoin, è stato rinominato per prendere le distanze dall'idea di "dark web" delle criptovalute illegali clandestine.

Dash si concentra sulla privacy, l'usabilità e il mercato di consumo. È cresciuta molto nel 2021, diventando la quarta criptovaluta più grande sul mercato. Dash è diverso da altri progetti di criptovaluta come Ethereum, che è più una piattaforma di sviluppo.

Dash si descrive come denaro elettronico *peer-to-peer* decentralizzato e mira ad essere liquido come il denaro reale che usiamo nei nostri rispettivi paesi.

Accelerando la velocità delle transazioni Bitcoin attraverso l'uso della sua rete Masternode, permette pagamenti quasi istantanei rispetto ai 10 minuti di attesa per le transazioni con Bitcoin. Per ottenere un masternode, gli utenti devono depositare un totale di 1.000 DASH, qualcosa che ha portato ad un certo dibattito sul fatto che DASH sia veramente una valuta decentralizzata.

Il potenziale di crescita di Dash rimane legato al suo livello di accessibilità e all'adozione da parte del mercato di massa. Un esempio è BitCart, un sito di carte regalo con sede in Irlanda che offre ai clienti sconti fino al 20% sugli acquisti su Amazon tramite pagamenti in Dash.

Un altro esempio molto diverso ma altrettanto interessante è il recente caso della crisi monetaria in Venezuela.

L'exchange di criptovalute venezuelano CryptoBuyer iniziò a vendere Dash come alternativa alla iperinflazionata valuta locale Bolivar. I venezuelani stavano essenzialmente cercando di proteggere i loro risparmi, e le criptovalute come Dash hanno permesso loro di farlo mantenendo il valore rispetto al dollaro USA.

Un aspetto da tenere a mente è che i 10 possessori più ricchi di DASH possiedono attualmente il 10,1% del valore totale della valuta, che è quasi il doppio rispetto al caso di Bitcoin e Bitcoin Cash. E questo potrebbe avere un certo impatto se uno di questi top player volesse influenzare i movimenti del mercato. D'altra parte, Dash è progettato per avere una fornitura totale di 18 milioni di monete, una cifra che dovrebbe raggiungere nell'anno 2300.

Monero (XMR)

Prezzo al momento della scrittura di questo libro (gennaio 2022): 189,89 EUR

Monero permette agli utenti di inviare e ricevere fondi SENZA la registrazione di una transazione pubblica disponibile sulla blockchain. Tutte le sue transazioni sono infatti private per default. Quindi, se credi nella privacy sopra ogni cosa, questa criptovaluta potrebbe interessarti.
Monero è stato infatti progettato per essere completamente anonimo e irrintracciabile. Questo concetto si estende persino al suo team di sviluppo che, a differenza di altre valute, non ha un CEO.
Monero utilizza anche le cosiddette "firme ad anello", un tipo speciale di crittografia che permette di garantire transazioni non tracciabili. Questo fa si che gli utenti possano ricevere denaro, senza collegare l'indirizzo al mittente. Le firme ad anello nascondono anche l'importo della transazione, così come l'identità del compratore e del venditore. A differenza di Dash, Monero è stato open source fin dal suo inizio, quindi chiunque può vedere il codice del software per una completa trasparenza.
Come forse avrai immaginato, l'anonimato di questa criptovaluta l'ha resa una delle favorite del mercato darknet. Prima della sua chiusura, per esempio, il mercato nero AlphaBay aveva adottato Monero, oltre a Bitcoin, per elaborare le sue varie transazioni per la vendita di droghe illegali, armi, carte di credito rubate, ecc.
Il suo anonimato ha anche reso Monero una delle valute preferite tra gli hacker di ransomware.

D'altra parte però, l'anonimato di Monero può anche essere di grande aiuto nel caso, per esempio, di persone che potrebbero trovarsi sotto la dittatura di un governo, indipendentemente dal loro credo, colore, sesso, ecc, e che potrebbero non avere la possibilità di aprire un conto bancario, ecc.

Da notare anche il fatto che, sebbene gli utenti di Monero abbiano la possibilità di mantenere le loro transazioni private, possono anche condividere queste informazioni selettivamente. In generale, Monero è meno speculativo rispetto ad altre valute digitali e gli investitori spesso acquistano questa moneta come copertura per altre criptovalute.

Litecoin (LTC)

Prezzo al momento della scrittura di questo libro (gennaio 2022): 120,78 EUR

Litecoin ha mostrato una crescita minima ma costante in un mondo di criptovalute alimentate dalla speculazione e da grandi cicli di *boom e bust*. Per questo motivo, molti analisti sono arrivati a considerarla come la "moneta a basso rischio". È stata annunciata nel 2011 con l'intenzione di correggere le principali carenze che Bitcoin, ed è stata a lungo la seconda più grande criptovaluta per capitalizzazione di mercato prima dell'ascesa di Ethereum nel 2017, aspirando a essere considerata l'"argento" dell'"oro" di Bitcoin.

La capacità di Litecoin di gestire un maggior volume di transazioni grazie alla sua velocità di generazione dei blocchi le dà un enorme vantaggio rispetto a Bitcoin.

E questo significa che permette di inviare e ricevere pagamenti quasi istantaneamente e senza costi di transazione (per darti un'idea, per la stessa informazione, Bitcoin impiegherebbe quattro volte più tempo e a un costo maggiore).

Litecoin ha anche uno dei team di sviluppo più attivi di tutto il mercato delle criptovalute, il che permette alla moneta di subire aggiornamenti regolari e, per esempio, è stata la prima moneta ad adottare la tecnologia Segregated Witness (SegWit).

Questo le dà anche il vantaggio di avere la seconda blockchain più sicura dopo Bitcoin stesso.

Un altro punto a favore per i potenziali investitori è l'accettazione di questa valuta nei principali exchange. Quasi tutti infatti supportano gli acquisti di Litecoin in valuta fiat, compreso Coinbase da marzo 2017, senza dubbio una grande notizia sia per gli investitori statunitensi che per quelli dell'UE. In termini di comportamento di mercato, Bitcoin e Litecoin seguono normalmente un modello simile per quanto riguarda gli aumenti e le diminuzioni del valore della valuta.

In generale, molti investitori scelgono Litecoin come opzione complementare a Bitcoin per diversificare il loro portafoglio.

L'algoritmo di Litecoin è anche molto semplice, rendendo i costi di mining e le barriere di entrata più bassi. Litecoin gira su Scrypt mentre Bitcoin gira sull'algoritmo SHA-256. Principalmente questo significa minori costi di mining, poiché Scrypt è meno mining-intensive in unità di elaborazione grafica. Come abbiamo visto, già dal 2017, il mining di Bitcoin non era più un'opzione praticabile per i principianti o i minatori da casa, mentre il mining di Litecoin poteva ancora portare profitti, anche tenendo conto dei costi dell'elettricità nei paesi del primo mondo.

I detrattori di Litecoin spesso criticano la valuta per essere fondamentalmente solo un altro Bitcoin.

La stessa fu vittima nel 2015 di uno schema cinese di "*pump and dump*" (parleremo più in profondità di questo tema nelle prossime pagine) quando gli investitori accumularono il 22% di tutte le monete esistenti prima di scaricarle.

Factom (FCT)

Prezzo al momento della scrittura di questo libro (gennaio 2022): 1,19 EUR

Come Ethereum, Factom espande i modi in cui la tecnologia blockchain può essere utilizzata più in là di una semplice valuta. Mentre Ethereum si basa sulla verifica bidirezionale e sulla garanzia di contratti infrangibili, Factom promette di fare lo stesso con grandi blocchi di dati, fornendo un sistema di registrazione che non può essere manomesso. Questo potrebbe permettere alle aziende e ai governi di fornire una storia di dati senza alterazioni o perdite. Le applicazioni pratiche di tutto ciò includono conti aziendali, cartelle cliniche, applicazioni legali e persino sistemi di voto. Immagina, per esempio, un mondo in cui sarebbe fisicamente impossibile truccare un'elezione.

Come altri progetti che utilizzano la blockchain, Factom non può essere alterato perché non c'è una sola persona che gestisce la rete. È posseduto collettivamente da milioni di utenti, indipendenti l'uno dall'altro. E mentre i dati controllati da una sola persona sono soggetti a hacking, errori e alterazioni, lo stesso non può accadere con quelli che appartengono a un'intera rete.

In termini di investimento, Factoid è la "moneta" del sistema Factom. Più applicazioni vengono generate con Factom, più valore avranno i Factoid.

Come nel caso di altre tecnologie blockchain, le domande più comuni intorno a Factom hanno a che fare con la scalabilità e l'adozione di una tecnologia più ampia. L'altra grande incognita è se il team Factom sarà in grado di far funzionare il sistema con un profitto costante, o se la tecnologia porterà a una corsa al ribasso in termini di prezzo.

Neo (NEO)

Prezzo al momento della scrittura di questo libro (gennaio 2022): 21,43 EUR

Neo è uno dei primi progetti blockchain basati in Cina ed è stato sviluppato da una società con sede a Shanghai chiamata ONCHAIN. In una conferenza stampa tenutasi nel giugno 2017 presso la sede di Microsoft Cina a Pechino, il fondatore di Antshares (nome con cui la moneta era precedentemente conosciuta), Da Hongfei, annunciò il rebranding a Neo, così come altri nuovi progetti in cantiere. Questi includono la collaborazione con le autorità di certificazione in Cina per assegnare beni del mondo reale tramite contratti intelligenti.
Tra i suoi principali punti di forza, Neo indica il fatto di essere open source e controllato dalla comunità. La moneta è stata paragonata a Ethereum in quanto esegue contratti intelligenti piuttosto che agire come un semplice token come Bitcoin.
La base di Neo in Cina permette inoltre un accesso unico al secondo mercato di criptovalute più grande del mondo, un vantaggio non indifferente rispetto ad altre monete. Tuttavia, anche Neo ha dei punti deboli, come per esempio un numero limitato di portafogli per la valuta stessa.

Mentre altre criptovalute devono imbattersi in guerre legali con i rispettivi governi, il rapporto di Neo con i leader di quello cinese è stato di basso profilo ma sempre positivo, e ha visto il fondatore Da Hongfei partecipare a conferenze e seminari sulle criptovalute e sulla tecnologia blockchain organizzate dallo stesso governo.

Un'altra cosa che gli investitori devono tenere a mente è la barriera linguistica. Dal momento che molte delle notizie su questa moneta sono pubblicate in cinese, c'è un margine significativo di potenziale errore nelle traduzioni in inglese o in altre lingue, e questo, in passato, ha portato a interpretazioni errate e *fake news*.

Golem (GNT)

Prezzo al momento della scrittura di questo libro (gennaio 2022): 0,33 EUR

Golen è una moneta token, basata sulla tecnologia blockchain di Ethereum. Il suo valore risiede nel software che può essere sviluppato con esso.

I fondatori del Progetto Golem si riferiscono ad esso come un "supercomputer", con la capacità di interfacciarsi con altri computer per una varietà di scopi. Questi includono la ricerca scientifica, l'analisi dei dati e l'estrazione di criptovalute. Per esempio, se il tuo computer è inutilizzato, grazie alla rete Golem, puoi decidere di affittarlo a qualcun altro che ne ha bisogno. L'utente che richiede la potenza extra ha la possibilità di accedere a livelli di potenza di elaborazione da supercomputer per una frazione del costo di possedere effettivamente la potenza di elaborazione stessa.

La possibilità che gli utenti ottengano guadagni per la loro potenza di calcolo inutilizzata è, in teoria, abbastanza ovvia, tuttavia ciò che resta da vedere è l'applicazione pratica di questa tecnologia. Nel corso degli anni, la mancanza di visibilità commerciale del team Golem ha in qualche modo danneggiato il valore della criptovaluta. Inoltre, l'impossibilità di comprare GNT usando denaro fiat rappresenta un altro svantaggio per il mercato di massa.

Steem (STEEM)

Prezzo al momento della scrittura di questo libro (gennaio 2022): 0,37 EUR

Steem si basa sulla piattaforma social media Steemit.
Gli utenti possono pubblicare contenuti come post di blog e articoli, e questi testi sono ricompensati sotto forma di valuta digitale. Proprio come gli utenti di Reddit ricevono upvotes, gli utenti di Steemit ricevono token Steem conosciuti come Steem Dollars.
L'incentivo finanziario assicura che si sforzino di produrre contenuti di qualità. Il sito permette di pubblicare su una moltitudine di argomenti tra cui criptovalute, notizie sportive e persino poesia.
Gli Steem Dollars valgono circa 1 dollaro al tasso di cambio attuale. Devono essere convertiti in Steem per essere scambiati in valuta fiat o in altre criptovalute. Questo affinché possano essere ancorati al valore del dollaro USA per ridurre il rischio che l'inflazione li svaluti. Ma Steemit va oltre e offre agli utenti un tasso di interesse del 10% su tutti i dollari Steem tenuti nel loro conto per più di un anno.

Lo svantaggio principale è che il successo della valuta si basa sul successo della piattaforma. Se il sito web raggiunge un traffico elevato, si alzerà anche il valore della moneta.

Ci sono inoltre molti detrattori del sito, che è stato anche etichettato come uno schema piramidale. La critica principale deriva dal fatto che vari dei post più votati sono spesso quelli che promuovono la piattaforma Steemit stessa. Inoltre, c'è preoccupazione per la pubblicazione automatica da parte di bot che rubano contenuti per ottenere più voti.

I creatori del sito hanno risposto alle critiche dicendo che si stanno implementando varie misure di sicurezza per aiutare a garantire l'autenticità dei contenuti e offrire agli utenti incentivi per mantenere le loro monete Steem. Il loro modo di garantire tutto ciò è mediante qualcosa conosciuto come Steem Power, cioè la possibilità per gli utenti di bloccare le loro monete a lungo termine investendole direttamente nella piattaforma stessa. Convertendo Steem in Steem Power, si ottiene un peso maggiore di upvotes sulla piattaforma ed è possibile diventare un "utente avanzato".

Uno dei vantaggi che Steem offre rispetto ad altre criptovalute è che, per come è progettata, è la moneta più facile a cui accedere con zero investimenti. Invece di dover comprare monete in un exchange, o spendere soldi per l'hardware necessario per minare le monete, gli utenti possono semplicemente registrarsi sul sito web gratuitamente e iniziare a pubblicare contenuti per guadagnare criptovalute. In altre parole, stiamo parlando della più bassa barriera di entrata per qualsiasi asset nel mercato delle criptomonete. Anche se generare profitti significativi può essere difficile all'inizio, alcuni utenti sono riusciti a guadagnare migliaia di dollari su Steem con un solo post.

Iota (MIOTA)

Prezzo al momento della scrittura di questo libro (gennaio 2022): 0,99 EUR

IOTA, o Internet of Things (IOT) Coin, è un'altra criptovaluta basata sulla tecnologia blockchain, ma con una caratteristica speciale.

Il team responsabile di IOTA ripone le sue speranze in un progetto conosciuto come Tangle, una tecnologia che può essere descritta come una blockchain senza blocchi e che può permettere la decentralizzazione di un'intera rete. Cosa significa questo? In teoria, annullare i problemi di scalabilità delle altre criptovalute. E, a lungo termine, anche un mondo senza intermediari inutili, con l'enorme risparmio di costi che questo comporterebbe.

La teoria alla base di IOTA è che i costi di transazione sono quasi nulli, anche per trasferimenti di quantità minime di denaro, qualcosa che giganti come Bitcoin o Ethereum non possono offrire.

Inoltre, la tecnologia è aperta in modo che chiunque può vedere il codice che c'è dietro, e seguire l'evoluzione della moneta. La ragione del suo basso prezzo risiede nel fatto che ci sono componenti di questa tecnologia che sono ancora molto teorici, ed esistono problemi di sicurezza e di adozione di massa che devono essere risolti del tutto.

Dogecoin (DOGE)

Prezzo al momento della scrittura di questo libro (gennaio 2022): 0,14 EUR

Dogecoin è stato inventato da Jackson Palmer e Billy Markus nel 2013 e lanciato quasi come uno scherzo di fronte alla costante ascesa di Bitcoin.

Ben presto divenne la seconda criptovaluta più popolare dopo Bitcoin, e il suo mercato esplose fino a 60 milioni di dollari di capitalizzazione all'inizio del 2014. Nel 2020 e 2021 ha continuato a crescere.

Lo stato attuale della moneta rimane quello di un progetto comunitario spensierato e divertente che, finora, è stato utilizzato per pagare piccole somme ai creatori di contenuti su vari social media, forum e piattaforme.

Alcune delle criptovalute con più potenziale nel 2022

Audius (AUDIO)

Prezzo al momento della scrittura di questo libro (gennaio 2022): 1,26 EUR

Audius è una piattaforma di streaming musicale, come per esempio Spotify, basata su blockchain. Oltre a permettere lo streaming e la condivisione di canzoni, offre anche funzioni di social media. Audius è stata fondata nel 2018 sulla rete POA, anche se attualmente si trova sulla blockchain Solana (un'altra criptovaluta di cui parleremo a breve), e funziona con un algoritmo *proof-of-stake*. È sostenuta da una serie di artisti internazionali tra cui Katy Perry, Pusha T, Nas e The Chainsmokers. Degli 1,1 miliardi di criptovalute AUDIO in totale, circa 500 sono in circolazione in questo momento. Nel marzo 2021 Audius ha raggiunto il suo massimo storico di 4,95 dollari.

Cardano (ADA)

Prezzo al momento della scrittura di questo libro (gennaio 2022): 1,10 EUR

Creato da Charles Hoskinson e Jeremy Wood nel 2017, Cardano è un protocollo di terza generazione che utilizza un algoritmo *proof-of-stake* chiamato Ouroboros. Il suo obiettivo principale è quello di offrire un'alternativa verde, scalabile e sicura nel mondo delle criptovalute. Può essere usato come token di governance, per scommettere e guadagnare premi, e per regolare le spese di transazione. ADA ha attualmente una fornitura globale di 45 miliardi, di cui 32,1 sono già in circolazione.

Si trova attualmente al settimo posto con una capitalizzazione di mercato di circa 400 miliardi di dollari. Ha raggiunto un massimo storico di 3,09 dollari nel settembre 2021.

Cosmos (ATOM)

Prezzo al momento della scrittura di questo libro (gennaio 2022): 32,86 EUR

In questo caso stiamo parlando di una blockchain per altre blockchain sviluppate per interoperare e scalare tra loro. Cosmos è stato lanciato nel 2019 dalla Fondazione Interchain e dispone di un protocollo Inter-Blockchain Communication (IBC), così come di un kit di sviluppo software che, tra le altre cose, permette la creazione di applicazioni decentralizzate. È generalmente considerata la criptovaluta nativa utilizzata per promuovere l'interoperabilità nella rete e può essere mantenuta, scommessa, negoziata e scambiata. Ha raggiunto un massimo storico di 44,42 dollari nel settembre 2021 e attualmente ci sono circa 226 miliardi di Cosmos in circolazione.

Decentraland (MANA)

Prezzo al momento della scrittura di questo libro (gennaio 2022): 2,61 EUR

Lanciato nel 2017 dalla Decentraland Foundation, si tratta di una piattaforma di realtà virtuale sviluppata sulla blockchain Ethereum (ETH). In altre parole, Decentraland è un mondo virtuale dove gli utenti possono ottenere tokens per eseguire diverse azioni come comprare terreni, costruire, vendere, ecc.

La stessa piattaforma supporta l'interazione *peer-to-peer*, le applicazioni e i pagamenti interattivi. Decentraland ha attualmente una capitalizzazione di mercato di circa 3,9 miliardi di dollari e ha un'offerta globale di 2,2 milioni, 1.300 dei quali sono già in circolazione.

Chainlink (LINK)

Prezzo al momento della scrittura di questo libro (gennaio 2022): 21,97 EUR

Si tratta di una rete decentralizzata di oracolo che permette alle diverse catene di essere collegate l'una all'altra, mentre i dati fuori dalla catena sono collegati alla blockchain.
Chainlink è stato lanciato nel 2017 e, funzionando come *middleware*, risolve il problema del trasferimento dei dati. In altre parole, fornisce una soluzione decentralizzata e affidabile per la trasmissione di dati tra il mondo digitale e il mondo reale.
Per le loro attività sulla rete, i minatori sono giustamente ricompensati con LINK che possono essere scambiati, commerciati e scommessi. Attualmente ci sono circa 467 milioni di LINK in circolazione e la criptovaluta ha raggiunto il suo massimo storico di 52,70 dollari nel maggio 2021.

Fantom (FTM)

Prezzo al momento della scrittura di questo libro (gennaio 2022): 2,64 EUR

Lanciato nel 2019 e sviluppato da Michael Kong, l'ecosistema Fantom è una blockchain per asset digitali e applicazioni decentralizzate. La creazione di queste ultime è resa possibile da Fantom Virtual Machine. Fantom è scalabile, modulare, sicuro, efficiente e verde. Come piattaforma di contratti intelligenti, mira a offrire transazioni veloci ed economiche ed è considerata una versione migliorata di Ethereum (ETH) e, secondo alcuni analisti, potrebbe riuscire a raggiungere gli stessi livelli della famosa criptovaluta. La piattaforma può convalidare fino a 300.000 transazioni/secondo: questo significa che non richiede mining per le transazioni di conferma, come con altre criptovalute, e permette di effettuare piccoli pagamenti all'istante. Fantom ha una fornitura globale di 3,2 miliardi, di cui 2,5 miliardi sono già in circolazione. Nell'ottobre 2021 ha raggiunto un massimo storico di 3,46 dollari.

Polkadot (DOT)

Prezzo al momento della scrittura di questo libro (gennaio 2022): 23,11 EUR

Creato nel 2016 e lanciato nel 2020 da Peter Czaban, Robert Habermeier e Gavin Wood, Polkadot è un progetto blockchain che mira a creare un'infrastruttura di interconnessione sicura tra diverse blockchain e, allo stesso tempo, offrire nuove funzionalità e possibilità di scalabilità per loro.
 Fondamentalmente mira a risolvere i tre problemi principali delle blockchain: scalabilità, sicurezza e decentralizzazione.

La blockchain ha due moduli: la catena di trasmissione, cioè la rete principale che elabora tutte le transazioni, e la catena di blocchi degli utenti che utilizza le risorse della rete principale. DOT è la sua criptovaluta nativa e può essere scommessa, scambiata e usata come token di governance. Attualmente ha un'offerta globale di 1,2 miliardi e ha raggiunto un massimo storico di 54,98 dollari nel novembre 2021.

Polygon (MATIC)

Prezzo al momento della scrittura di questo libro (gennaio 2022): 2,01 EUR

Polygon venne inizialmente presentato in India come Matic Network e, nel febbraio 2021, venne poi rinominato Polygon. È stato sviluppato per migliorare la velocità, la sicurezza, la dimensione e l'interoperabilità della blockchain. Supporta il contratto di macchina virtuale di Ethereum (ETH) e funziona con un algoritmo *proof-of-stake.*
Il token nativo utilizzato per alimentare la rete Polygon è MATIC e consente la partecipazione e il pagamento delle commissioni di transazione. Inoltre, può funzionare come token di governance per votare le politiche e gli aggiornamenti della piattaforma. Ha un'offerta globale di 10.000 milioni, di cui più di 7.000 milioni sono già in circolazione.

Solana (SOL)

Prezzo al momento della scrittura di questo libro (gennaio 2022): 132.39 EUR

Si tratta di una rete informatica open source creata nel 2017 da Anatoly Yakovenko. Mira a garantire la decentralizzazione e, allo stesso tempo, ad aumentare la velocità delle transazioni. Infatti, la rete Solana può convalidare circa 50.000 transazioni al secondo per meno di un centesimo l'una, cioè più di Ethereum (ETH) e ad un tasso inferiore. La sua blockchain, infatti, assomiglia a quella della stessa Ethereum, supporta solo contratti intelligenti e può essere utilizzata per investire in app, giochi, RRSS, dApps, DEX, ecc. SOL è la valuta nativa della blockchain e può essere usata come token di governance e per pagare le commissioni di partecipazione e di transazione. Nel novembre 2021 SOL ha raggiunto il suo massimo storico di 259,96 dollari. Dispone di una fornitura globale di 508,2 milioni, di cui 311,8 sono già in circolazione.

Terra (LUNA)

Prezzo al momento della scrittura di questo libro (gennaio 2022): 71,19 EUR

Creata nel 2018 da Terraform Labs, Terra è una blockchain che mira a creare *stablecoin*, cioè monete che non variano di prezzo e sono legate a beni fisici o valute come il dollaro. Queste stablecoin possono essere scambiate e negoziate nell'ecosistema o sui mercati di scambio.
TerraEUR, TerraUST, TerraKRW, TerraGBY, TerraJBY, TerraSDR e TerraCNY sono alcune delle stablecoin create con Terra. LUNA, d'altra parte, è il token nativo per mantenere la stabilità delle stesse stablecoin.
Alla fine del 2021, con un impressionante aumento del 60%, Terra era tra le prime 10 criptovalute per capitalizzazione di mercato e raggiunse un massimo storico di quasi 98 dollari.

Dispone di una fornitura totale di 1 miliardo. Nel caso in cui questo numero venga superato, LUNA tornerà al livello di fornitura bilanciato e, se necessario, verranno estratti nuovi token utilizzando l'algoritmo del protocollo, mantenendo così stabile il prezzo delle monete di Terra.

Dove conservare le tue criptovalute

Una volta che hai acquistato con successo una criptovaluta di qualsiasi tipo, avrai bisogno di un posto dove conservarla in modo sicuro. Il motivo per cui dovresti farlo è che ci sono innumerevoli storie di persone che hanno perso le loro monete digitali. La sicurezza è fondamentale in questo caso: non vorrai costruire una fortuna per poi perderla, vero?

Prima di tutto, devi sapere che quando si parla di dove conservare le criptovalute, i termini portafoglio e wallet possono essere usati in modo intercambiabile: tutti e due hanno lo stesso significato.

Questi portafogli sono divisi in due gruppi chiamati "*hot storage*" e "*cold storage*".
Il primo gruppo comprende i vari portafogli online che richiedono un accesso a internet per aprirli e usarli.
Il secondo, invece, si riferisce agli *offline wallet*, cioè portafogli che non richiedono una connessione di rete. Per esempio, portafogli di carta o drive USB.

Il tuo portafoglio per criptovalute è simile a un normale portafoglio fiat, nel senso che puoi usarlo per spendere soldi e per vedere di che saldo disponi.
Tuttavia, i portafogli di criptovalute differiscono dai portafogli tradizionali per via della tecnologia dietro la generazione delle monete. Come abbiamo visto, infatti, grazie alla stessa tecnologia le tue criptovalute non sono conservate in un luogo centrale, ma sulla blockchain. Questo significa che c'è un record pubblico della proprietà di ogni criptovaluta, e quando avviene una transazione, allora il record viene aggiornato.

In generale, tieni presente che i portafogli di criptovalute hanno due chiavi. Una pubblica e una privata. Queste sono rappresentate da lunghe stringhe di caratteri.

Per esempio, una chiave pubblica potrebbe essere 0ra163333bafcc02edfc5d34e73f443a1f0559c32fc75f71ead18a0 6ee0be771b7dc,
o potrebbe essere visualizzata come un codice QR. La tua chiave pubblica è l'indirizzo che usi per ricevere criptovalute da altri. È perfettamente sicuro fornire la tua chiave pubblica a una terza parte, poiché solamente le permetterà di depositare denaro sul tuo conto.

D'altro canto, la tua chiave privata è ciò che ti permette di inviare criptovalute a terzi. Per ogni transazione, quindi, vengono utilizzate la chiave pubblica del destinatario e la chiave privata del mittente.

Si consiglia di tenere sempre una copia di backup offline della chiave privata in caso di qualsiasi tipo di furto di dati o di hacking. Ricorda che se qualcuno ha accesso alla tua chiave privata può prelevare fondi dal tuo conto, quindi in nessun caso dovresti condividerla con altre persone!

Analizziamo ora i vari pro e i contro delle diverse opzioni di stoccaggio.

Portafogli in Exchange (Hot Storage)

Puoi scegliere di conservare le tue criptovalute nell'exchange dove le hai comprate, per esempio su Poloniex o Coinbase. Questa è la forma più elementare di stoccaggio di criptovalute, dato che è il luogo in cui si lavora già con le stesse. Tuttavia, ricordati che stiamo parlando di un'entità non regolamentata ed è proprio qui che la maggior parte degli attacchi da parte di hackers hanno avuto luogo. Come tutto ciò che è presente online infatti, anche questi portafogli possono risultare vittime di hacking. Le tue password sono anche vulnerabili a keylogger, trojan e altri possibili virus informatici.

Un altro grande svantaggio da considerare? Qui non disporrai delle tue chiavi private. Avrai un conto e la tua password e, in alcuni casi, i tuoi fondi saranno anche assicurati. Ma non avrai veramente il controllo delle tue criptovalute.
In altre parole, un exchange non può essere considerato un buon posto per tenere le tue monete.
Quindi, se scegli questa opzione, è importante che tu faccia tutto il possibile per aumentare la sua sicurezza, per esempio, attivando l'autenticazione a due fattori (2FA). Inoltre, sempre e quando sia possibile, puoi scegliere di usare Google Authenticator invece dei messaggi di testo nel caso in cui qualcuno cloni il tuo telefono. Si noti inoltre che alcuni exchange mantengono già le tue monete in sistemi di cold storage, quindi teoricamente sono un po' più sicure.

Portafogli Online (Hot Storage)

Un portafoglio online, noto anche come *hot wallet*, è più difficile da violare e quindi offre una certa sicurezza, anche se non può essere considerato un'opzione sicura al 100%. Comporta anche un po' di lavoro perché bisogna aprire diversi portafogli per ciascuna delle diverse valute.
I portafogli online ti permettono di memorizzare la tua chiave pubblica e la tua chiave privata online. Alcuni esempi includono www.blockchain.info e www.myetherwallet.com.

In generale, è meglio usare questo tipo di portafoglio per immagazzinare piccole quantità di criptovalute, per esempio quelle usate per transazioni regolari o quotidiane.

Portafogli App (Hot Storage)

Oggigiorno esistono anche portafogli in forma di app per il tuo cellulare.

La maggior parte di questi di solito fornisce una chiave privata, ma anche così, i telefoni cellulari in generale sono dispositivi che non offrono quasi nessuna sicurezza. E sono tutti troppo facili da.... perdere!

Pertanto, stiamo parlando di un'opzione di archiviazione raccomandata solo per mantenere una parte molto piccola (massimo un 2%) del tuo investimento complessivo, ad esempio la parte che usi per le transazioni quotidiane. L'applicazione più conosciuta al mondo è probabilmente Jaxx e può essere scaricata da Google Play o dal tuo App Store.

Portafogli Desktop (Hot Storage)

Indipendentemente dal modello o dalla marca del tuo computer, un'altra opzione per conservare le tue criptovalute è quella di utilizzare un portafoglio desktop. Questo è un programma che, una volta installato sul tuo computer, genera automaticamente il tuo portafoglio, di solito senza che tu debba fornire alcuna informazione personale.

Poiché questa è un'opzione che comporta l'accesso al portafoglio tramite il tuo computer (cioè un dispositivo non protetto), non si considera un'alternativa raccomandabile, principalmente perché lascia le tue criptovalute esposte a possibili attacchi informatici.

Nota anche che questi portafogli di solito non ti permettono di scambiare valute tradizionali con criptovalute. Cioè, dovrai comprare le tue criptovalute in un exchange e poi inviarle a questo portafoglio per lo stoccaggio.

A oggi, il portafoglio desktop più sicuro è considerato Bitcoin Core, ma ricorda che occupa molto spazio sul disco rigido.

Portafogli di carta (Cold Storage)

Come il nome stesso suggerisce, i portafogli di carta sono fondamentalmente note della tua chiave privata su carta. Spesso includono codici QR in modo che il mittente possa scansionarli rapidamente per inviare criptovalute.
I vantaggi? Si tratta di un sistema molto economico e, poiché non implica un registro digitale, le tue chiavi non sono a rischio di attacchi informatici o guasti dell'hardware.
Gli svantaggi? È abbastanza facile che l'errore umano porti alla perdita della carta stessa, che è anche fragile e facilmente danneggiabile. Non è una tecnologia utile per le transazioni quotidiane o per quelle che richiedono una certa velocità.
È meglio conservare il portafoglio di carta in un sacchetto di plastica ben chiuso affinché possa proteggerlo dall'acqua o dall'umidità. O meglio ancora in una cassaforte.
Assicurati anche di leggere e capire le istruzioni passo dopo passo prima di stampare qualsiasi portafoglio di carta.
L'indirizzo più importante per Bitcoin è http://bitcoinpaperwallet.com.
Per tutte le altre criptovalute, le principali raccomandazioni per i portafogli di carta e lo stoccaggio offline possono essere trovate sul web.

Portafogli Hardware (Cold Storage)

La definizione di portafoglio hardware fa riferimento a oggetti fisici che contengono la tua chiave privata. Di solito si tratta di chiavette USB criptate.

Questi portafogli utilizzano l'autenticazione a due fattori o 2FA per garantire che solo il proprietario del portafoglio possa accedere ai dati. Un fattore sarebbe, per esempio, la chiavetta USB fisica collegata al computer, e l'altro un codice pin di 4 cifre.

I vantaggi? Si tratta di un sistema quasi impossibile da violare. Inoltre, anche se il tuo computer dovesse essere infettato da un virus o malware, questo non sarebbe in grado di influenzare il portafoglio grazie alla 2FA. La chiave privata non abbandona mai il tuo dispositivo nè si trasferisce a un computer, quindi di nuovo, malware o computer infetti non sono un problema. Inoltre, puoi facilmente portare il tuo portafoglio con te e le transazioni sono più facili che con i portafogli di carta. Infine, ma non meno importante, più indirizzi possono essere memorizzati su un singolo dispositivo.

Gli svantaggi? Prima di tutto, devi sapere che questi portafogli sono più costosi di quelli di carta (tra i 60 e i 100 euro circa). Sono anche suscettibili ai danni o al degrado dell'hardware.

Ricordati di usare solo portafogli nuovi di fornitori autorizzati. Usare un portafoglio di seconda mano sarebbe un serio rischio per la sicurezza.

E ricorda che diversi portafogli supportano diverse criptovalute, quindi dovrai sapere esattamente di quale modello hai bisogno.

Per le altcoin (come abbiamo visto, qualsiasi criptovaluta o token diverso dal Bitcoin), che non sono supportate da questi portafogli, è possibile creare la propria USB criptata seguendo i passi indicati dai diversi tutorial disponibili online.

Trezor è stato il primo portafoglio hardware originale e Ledger Nano S è un altro molto popolare.

Una volta che avrai impostato il tuo portafoglio, potrai procedere a comprare e scambiare la valuta digitale di tua scelta su diverse piattaforme.

In generale, qualunque sia la tua scelta di stoccaggio, ricordati sempre di seguire alcune semplici regole di base.

In primo luogo, fai sempre il backup del tuo portafoglio, indipendentemente dal modello che tu decida di usare. Mantieni il tuo software aggiornato se ne utilizzi uno, e sfrutta qualsiasi funzione di sicurezza aggiuntiva disponibile, come l'autenticazione a due fattori o Google Authenticator invece dei messaggi di testo.

Un'altra strategia consigliabile è la diversificazione. Se hai una parte delle tue criptovalute nel tuo portafoglio hardware (la percentuale maggiore), una parte in un portafoglio di carta, una piccola parte in un exchange e la percentuale più piccola in un'app mobile, è molto improbabile che tu finisca per perdere tutto il tuo investimento.

In altre parole, se hai intenzione di tenere le tue criptovalute a lungo termine, ricordati di implementare tutte le opzioni di sicurezza aggiuntive disponibili.

Come seguire l'evoluzione delle tue criptovalute

Una volta che hai acquistato e immagazzinato le tue criptovalute, ci sono diversi siti che puoi usare per tracciarle e seguirne l'evoluzione.

In CrytoCompare, per esempio, puoi indicare le valute che hai comprato manualmente o tagliando e incollando il codice dell'exchange in modo che questo avvenga automaticamente. Così facendo, è possibile monitorare tutte le fluttuazioni delle diverse valute su base giornaliera. Si tratta di un'ottima maniera per tenere traccia delle tue partecipazioni nel loro insieme, soprattutto quando si trovano in più exchange o portafogli diversi. E CryptoCompare non è l'unica piattaforma dove è possibile monitorare le prestazioni del tuo intero portafoglio. CoinTracking, solo per fare un altro esempio, ti offre il vantaggio aggiuntivo di avere un add-on fiscale.

Come iniziare a guadagnare con le criptovalute

Ora che conosci le caratteristiche delle principali criptovalute e sai come conservarle in modo sicuro, passiamo a parlare delle principali strategie che puoi implementare per guadagnare con esse.

In primo luogo, come abbiamo visto, è possibile minarle. Questo significa usare il tuo computer per "estrarre" criptovalute, cioè usare la potenza di calcolo del tuo computer per aiutare a verificare certe transazioni sulla blockchain ed essere ricompensato con Bitcoin o altre monete. Ma, in generale, questa è un'attività estremamente specifica e tecnica che non lascia molto spazio all'investitore medio che vuole ottenere dei profitti.

Un'altra opzione è scegliere di comprare nuove ICO, cioè Initial Coin Offerings. Negli ultimi anni, c'è stata una valanga di nuove ICO nelle cuali, facendo le cose bene, è possibile investire 1.000 euro e trasformarli in 10.000 o addirittura 100.000 euro, in un periodo di tempo relativamente breve. Se questa alternativa ti sembra interessante, non preoccuparti. Ne parleremo più approfonditamente nelle prossime pagine, oltre a spiegare come si possono comprare e vendere criptovalute consolidate, il tipo di investimento più comune in generale.

I segni chiave di una criptovaluta destinata a fallire

Ma prima di tutto, se sei interessato a investire in criptovalute, dovresti imparare a riconoscere i segni che indicano che una particolare moneta digitale è destinata a fallire. Questo ti eviterà spiacevoli sorprese.

1) Criptovalute *"me-too"*. Queste sono monete che offrono esattamente le stesse soluzioni di altre valute già esistenti e nessun vantaggio reale. Evitale: sono criptovalute che non fanno altro che copiare un'opzione già disponibile sul mercato. Tuttavia, se offrono le stesse prestazioni ma in modo decisamente migliore, più veloce, più economico, ecc., allora sí possono considerarsi una valida opzione.

2) Valute settoriali, cioè progettate per un unico mercato e che permettono di acquistare solo un certo tipo di prodotto. Come capirai, non c'è una vera necessità di monete di questo tipo. Perché puoi benissimo usare le principali criptovalute, Bitcoin, Monero o Ethereum, per sempio, per comprare prodotti di QUALSIASI mercato.

3) Criptovalute sviluppate da team piccoli o non qualificati. Questo perché non possiamo dimenticare che è abbastanza difficile per una start-up avere successo, e la concorrenza in questo settore non farà che intensificarsi. Quindi la cosa migliore da fare è controllare il background del team e vedere se dispone davvero dell'esperienza e la struttura per sviluppare il suo progetto o, per lo meno, se ha piani e risorse economiche per crescere come squadra. Un paio di persone o poco più, per quanto romantica possa sembrare l'idea, non possono dominare un settore così competitivo.

4) Basso volume di trading. Questo significa che non ci sono abbastanza investitori che comprano e vendono, il che non è certamente un buon segno. Invece, è importante vedere un crescente volume di scambi che rifletta l'interesse del mercato per quella particolare valuta.

Strategie di investimento con le criptovalute

Passiamo ora alle tre strategie più efficaci, dal più basso al più alto rischio, per investire in criptovalute.

Strategia HODL

Considerata la più sicura e, allo stesso tempo, una delle strategie più redditizie nel mondo delle criptovalute, è anche molto semplice da mettere in pratica.
Come il nome stesso suggerisce (HODL sta per *Hold On for Dear Life* e, allo stesso tempo, richiama il verbo inglese *Hold*, cioè "tenere") si tratta di mantenere le criptovalute per un lungo periodo di tempo.
In altre parole, non devi preoccuparti costantemente per l'aumento e la diminuzione del prezzo della tua valuta, ma semplicemente tenerla. L'obiettivo principale? Usarla, in futuro, come moneta di scambio quando le valute tradizionali non esisteranno più.
In altre parole, la cosa più importante in questo caso, è avere fiducia nelle criptovalute come investimento a lungo termine e come grande opportunità nella vita.
Tuttavia, anche se scegli questa strategia, dovrai comunque seguire il tuo investimento in modo da sapere se stai perdendo o guadagnando denaro.
Per questo dovrai tenere un registro del prezzo e della data di acquisto della tua valuta, l'importo investito e le commissioni che hai pagato.
E, soprattutto, dovrai prestare molta attenzione a non cadere nell'errore più comune degli investitori che scelgono questa strategia, cioè scambiare una valuta con un'altra.
Per quanto questa possa sembrare un'opzione allettante in un determinato momento, nella stragrande maggioranza dei casi la persona finisce per pentirsene.

Quindi, se davvero scopri un'altra valuta che pensi possa avere un buon potenziale, spendi un po' di più e investiti in essa, ma non scambiarla con una che hai già in tuo possesso.

HODL, naturalmente, ha anche i suoi potenziali svantaggi, poiché sempre più monete arrivano sul mercato, ed è ovvio che non tutte continueranno a salire di prezzo. Il fatto che una penny stock o una piccola criptovaluta sia attualmente valutata a 0,08 euro non significa che il suo prezzo salirà indefinitamente. Se l'azienda o le persone dietro di essa non mantengono le loro promesse di mercato, allora il valore della moneta inevitabilmente crollerà e alla fine diventerà obsoleta. Ecco perché è così importante affrontare ogni investimento con grande cautela e solo dopo un'adeguata ricerca.

In ogni caso, in generale, HODL è considerata la strategia più consigliabile per un principiante in quanto è a basso rischio, conveniente e non richiede impegno di tempo. Ricordati solo di operare razionalmente, non emotivamente. Se hai intenzione di tenere le tue valute a lungo termine, non controllare i grafici ogni poche ore, o finirai inevitabilmente per angosciarti ed entrare in panico.

Passiamo ora a un'altra possibile strategia che è compatibile con HODL ma richiede più dedizione e studio.

Ribilanciamento del portafoglio

Un ribilanciamento del portafoglio di criptovalute, è una strategia di investimento che mira a mantenere le stesse percentuali di monete stabilite originariamente.

Cosa significa questo? Bene, immaginati che, dell'importo totale che hai a disposizione per investire, vuoi distribuire il 60% in Bitcoin e il 40% in Monero. Queste sono le tue percentuali impostate.

Ma come ora sai, il valore delle criptovalute va su e giù ogni giorno, quindi dopo un certo periodo di tempo, le tue percentuali non saranno irrevocabilmente più le stesse. Così dopo un mese, per esempio, potresti avere il 63% del tuo investimento in Bitcoin e il 37% in Monero.

Per riequilibrare il tuo portafoglio puoi quindi scegliere se spostare una % di Bitcoin a Monero, vendere alcuni Bitcoin o comprare altri Monero.

L'obiettivo, oltre a mantenere il tuo portafoglio nelle proporzioni che avevi stabilito, è di vendere alto e comprare basso.

Tieni a mente che questa è una strategia più complessa di quanto sembri e che implica molte variabili. Tra le altre, la percentuale da scegliere, quanto spesso riequilibrare, il numero di criptovalute nel portafoglio, ecc.

Un'opzione per semplificare il processo è quella di ribilanciare solo le altcoins utilizzando i servizi automatici di piattaforme come Shrimpy o Hodlbot. Queste si collegano ai tuoi exchange ed eseguono automaticamente il ribilanciamento in base agli ordini che hai impostato. L'obiettivo, ancora una volta, è quello di minimizzare le perdite e massimizzare i profitti.

Nel complesso, è una strategia che aiuta a ridurre l'impatto della volatilità delle criptovalute, ma non è la più facile da implementare per un principiante, soprattutto considerando che il Bitcoin dovrebbe rappresentare la percentuale più alta possibile (fino al 90%) del tuo portafoglio quando inizi.

Trading

Il trading comporta l'acquisto e la vendita di criptovalute al fine di trarre il maggior profitto possibile da queste operazioni. In altre parole, ottenere un guadagno comprando basso e vendendo alto.

Questa è certamente una strategia molto attraente ma, come ormai sai, il mercato delle criptovalute è estremamente volatile e i prezzi cambiano ogni giorno. Questa volatilità è molto pericolosa, soprattutto per il trader principiante, anche se, indubbiamente, offre al quello esperto più possibilità di ottenere profitti. O almeno, più profitti a breve termine rispetto a HODL. Tuttavia, bisogna essere consapevoli che le perdite possono essere considerevoli, soprattutto per gli investitori che non hanno la conoscenza e l'esperienza per prendere decisioni con certe garanzie.

Quindi non dimenticare che, nel mondo delle criptovalute, ci vogliono anni di studio e pratica per padroneggiare davvero il trading e che questa strategia comporta un'analisi e uno studio approfondito del mercato e, soprattutto, molta responsabilità.

<u>Errori da evitare al momento di pianificare la tua strategia</u>

Qualsiasi strategia tu decida di adottare, dovresti metterla in atto solo se stai investendo in qualcosa in cui sei in generale fiducioso. Non farlo ti porterà a vendere con troppa facilità se il prezzo della tua criptovaluta dovesse iniziare a scendere (cosa che, credimi, accadrà spesso). E non si dovrebbe mai vendere a ribasso. Come abbiamo detto più volte, la regola numero uno per qualsiasi investitore è non investire mai più di quanto ci si possa permettere di perdere.

E se la segui (dovresti!), allora non hai motivo di vendere quando sei in perdita. Sì, a un certo punto vedrai titoli spaventosi come "Bitcoin cade del 60%" o "Ethereum crolla", ma a lungo termine, la maggior parte di queste valute torneranno ai loro livelli precedenti, e persino li supereranno. Ma se vendi in perdita, allora i tuoi soldi saranno persi per sempre.

D'altra parte, dovresti investire solo se sei veramente sicuro che la valuta prescelta non possa scendere a zero: per questo sarebbe meglio limitarsi alle prime dieci con la maggiore capitalizzazione di mercato.
Se decidi di rischiare, puoi anche scegliere di acquistare criptovalute che non sono tra queste dieci. Ma non dimenticare che più si scende nella lista, più si corre il rischio che la valuta possa andare a zero. E se va a zero, allora tutti i tuoi soldi saranno irrimediabilmente persi. Quindi cerca di comprare solo quando una moneta è già scesa e hai visto che è stata in grado di risalire.

Un altro possibile errore da parte tua sarebbe quello di pensare che hai già perso la tua occasione con le criptovalute di maggior successo, il cui prezzo è salito alle stelle, e che, per questo motivo, puoi solo investire in valute meno affermate, più piccole, più economiche e speculative che si suppone dovrebbero offrire più vantaggi.
Mentre puoi, naturalmente, allocare una piccola parte del tuo budget in queste valute, il grosso del tuo denaro dovrebbe essere investito in qualsiasi *pull-back* che si verifica nelle criptovalute più affermate. Cos'è un pull-back? Beh, un calo di prezzo abbastanza importante da permetterti di entrare. Per esempio, un calo del 10% da un massimo recente.

Ora che hai un'idea più chiara delle principali opzioni di investimento, c'è un altro tema che devi comprendere: quando comprare e quando vendere. Se non ti sono chiari questi concetti, potresti finire per vendere quando avresti dovuto comprare e al contrario, portando il tuo portafoglio in rosso.

Quando comprare e quando vendere

Tendenza al rialzo e tendenza al ribasso

Come forse già sai, un ciclo di mercato è un determinato periodo di tempo durante il quale i prezzi salgono, scendono e poi salgono di nuovo. Abbiamo visto che il mercato azionario delle criptovalute è altamente volatile e questi tipi di alti e bassi tendono a essere molto più pronunciati e frequenti che in altri mercati.
In questi periodi di tempo ci sono poi due tendenze distinte: verso l'alto e verso il basso.

Il *trend rialzista* è un cosiddetto "periodo verde" in cui i prezzi tendono a salire.
Un *trend ribassista* è un cosiddetto "periodo rosso" in cui i prezzi tendono a scendere.
Bene, se sei in grado di riconoscere in quale tendenza si trova una criptovaluta, saprai anche se è il momento giusto per comprare o vendere. Sì, perché il punto basso di un periodo rosso è il momento migliore per comprare, mentre il punto alto di un periodo verde è il momento migliore per vendere.

Ma la verità è che riconoscere questi punti esatti è quasi impossibile e anche i trader più esperti del settore non sono in grado di identificarli con certezza, soprattutto considerando che ogni anno, mese, settimana, giorno e ora può avere tendenze sia al ribasso che al rialzo.
Quindi, come fare per riconoscere l'andamento del prezzo di una particolare criptovaluta?

Prima di tutto, devi pensare che se il tuo è un investimento a lungo termine (come nel caso della strategia HODL), gli alti e bassi che possono verificarsi ogni giorno, ora, ecc. nel corso di un anno non dovrebbero interessarti.

Pertanto, non devi guardare i grafici lineari, che sono destinati a fornire informazioni sulle tendenze a breve termine, ma i grafici logaritmici, che sono pensati per fornire informazioni sulle tendenze a lungo termine e possono coprire anni interi.

Su una scala o grafico lineare (a breve termine) gli alti e bassi sono mostrati in modo molto più pronunciato, mentre su un grafico logaritmico (a lungo termine) è possibile vedere la tendenza a lungo termine del prezzo di una criptovaluta.

Se si guarda la scala logaritmica di Bitcoin, per esempio, si vedrà che la sua tendenza è sempre stata verso l'alto. Se studi il grafico in dettaglio, noterai naturalmente anche periodi ribassisti, ma a lungo termine la tendenza è chiaramente al rialzo. In questo caso quindi, non importa quando si decide di comprare Bitcoin, se la sua tendenza è al rialzo significa che il suo valore aumenterà sempre.

Se da un lato questo significa che il suo prezzo salirà sempre e che quindi non potrai mai comprare così a buon mercato come quel collega che decise di investire in Bitcoin anni fa, dall'altro, in futuro, il suo valore sarà comunque sempre più alto di quello attuale.
Inoltre, a causa della sua offerta limitata (21 milioni), Bitcoin è considerato una merce scarsa, che, come l'oro, aumenta anche il suo valore a lungo termine.

Acquisto sistematico

Anche tenendo conto quanto appena indicato, è comunque importante preoccuparsi del prezzo a cui si acquistano le criptovalute, motivo per cui di solito è meglio comprare sistematicamente.

Si tratta di un metodo semplice per aumentare periodicamente le tue partecipazioni in criptovalute e allo stesso tempo contrastare gli aumenti e le cadute dei prezzi a lungo termine.

Per implementare questo tipo di acquisto automatico, dovrai comprare una certa quantità (50€, 100€, ecc.) di una specifica criptovaluta (Bitcoin, Dash, Ethereum, ecc.) di volta in volta (all'inizio di ogni mese, per esempio). È molto probabile che il suo prezzo vari ogni mese, quindi alcune volte comprerai più caro di altre. Ma non preoccuparti: ciò che conta qui è il prezzo medio. Cioè, anche se un mese hai comprato la tua quantità di criptovaluta per 100€, un altro per 50€ e un altro per 150€, la media sarà di 100€.
In questo modo si contrasta l'acquisto in un brutto momento e, allo stesso tempo, si accumulano più monete.
Piattaforme come Coinbase offrono la possibilità di automatizzare questo tipo di processo, eseguendo ordini di acquisto periodici e automatici.

Opzioni di vendita

E le vendite?

Beh, una delle regole di base della vendita di criptovalute è quella di non vendere MAI tutto in una volta. Come abbiamo appena visto, il mercato ha periodi rialzisti e ribassisti ed è meglio vendere una piccola parte delle tue criptovalute (ad esempio il 10%) in un periodo rialzista. Se questa tendenza si sostiene per diversi mesi e il tuo investimento aumenta, allora puoi decidere di vendere nuovamente un altro 10%.

E così via, sempre in coincidenza con l'aumento dei prezzi per guadagnare il più possibile, e tenendo ben presente che dovresti mantenere la maggior parte del tuo investimento (60%).

Un'altra opzione, infatti, è non vendere mai. Nonostante le molte differenze di opinione su questo mercato, ci sono diversi esperti che credono che, in un futuro non troppo lontano, Bitcoin finirà per essere l'unica valuta globale. In altre parole, che avrà luogo un processo di demonetizzazione del denaro fiat, qualcosa chiamato iperbitcoinizzazione, che vedrà il passaggio da una moneta inferiore (dollaro, euro, ecc.) a una superiore (Bitcoin).

Anche se non ci sono garanzie assolute su ciò che riserva il futuro, considerando questa possibilità, vendere criptovalute non ha molto senso. Sarebbe assurdo scambiarle con denaro fiat per poi dover vendere lo stesso denaro per criptovalute a un prezzo molto più alto tra qualche anno e dopo aver perso potere d'acquisto.

ICO

Le ICO sono una forma ad alto rischio di raccolta fondi e rappresentano un'altra possibile opzione di investimento nelle criptovalute. Nel considerarla, vorrei ricordarti di nuovo che non dovresti mai investire più di quanto tu possa realmente permetterti di perdere. E soprattutto che, a causa della mancanza di regolamentazione, avrai grandi difficoltà a recuperare il denaro perso in caso qualcosa vada storto.

Ma partiamo dall'inizio. Una ICO (Initial Coin Offering) è un metodo di raccolta fondi che scambia criptovalute future con criptovalute che hanno un valore immediato e liquido. Proprio come una IPO è una Initial Public Offering quando una società privata decide di diventare pubblica, una ICO è una *Initial Coin Offering*.

L'unica differenza è che in una ICO la startup vende token su una blockchain, mentre una IPO vende azioni. Questo di solito avviene prima del lancio della blockchain di una moneta, e comporta la vendita pubblica, o *crowdsale*, di una percentuale dell'offerta iniziale della stessa valuta. Le ICO sono talvolta chiamate ICPO (Initial Public Coin Offerings) o ITO (Initial Token Offerings) o anche *Crypto Crowdsale*. Le startup stesse sono chiamate *Blockchain Startups*.

Molte delle aziende che conducono ICO non offrono monete, ma token. I token possono memorizzare flussi di dati complessi e sfaccettati che possono essere utilizzati per una varietà di funzioni. Le monete, d'altra parte, sono un modo di trasferire il valore monetario.

Ogni ICO dovrebbe avere un libro bianco o un manifesto. Questo delinea come la tecnologia è destinata a funzionare, come i token sono progettati in essa, e come gli utenti potrebbero acquisirli e usarli. In altre parole, il libro bianco ti aiuta a capire quali problemi l'ICO intende risolvere e come i suoi fondatori hanno organizzato l'intero progetto.

Diamo ora un'occhiata a come funziona esattamente una ICO.

In primo luogo, una startup deve annunciare che sta per vendere l'offerta iniziale di monete della sua nuova criptovaluta. Gli investitori leggono quindi il libro bianco della startup e, sulla base di queste informazioni, decidono di scambiare Bitcoin o Ether per queste nuove monete.

La startup può quindi scambiare BTC o ETH con normale valuta fiat da spendere per costruire la tecnologia, pagare i costi, ecc.

Se il progetto viene lanciato e inizia a essere adottato, allora il valore della nuova valuta aumenta e gli investitori ICO ottengono un profitto.

Il modello ICO fornisce alle aziende un modo semplice e veloce per creare una raccolta fondi per nuovi progetti blockchain, permettendo loro di connettersi con gli investitori di tutto il mondo.

Di regola, una percentuale dei token viene venduta ai partecipanti all'ICO e un'altra viene tenuta per i bisogni dell'azienda. E negli ultimi anni, alcune ICO sono arrivate a ottenere milioni di dollari in ore o addirittura minuti.

Generalmente, gli investitori speculano sul fatto che la startup avrà abbastanza successo da diventare pubblica, in modo da poter vendere i loro token o monete il più presto possibile, ottenendo così un profitto. Non credono necessariamente nell'azienda stessa, o possono credere nell'idea, ma non sono disposti a rischiare di rimanere a lungo termine se possono ottenere un profitto a breve.

D'altra parte, ci sono anche investitori che credono nell'azienda e rimarranno con essa nel tempo. E se la startup ha successo, anche con un piccolo investimento, faranno una vera fortuna.

La moneta/token emessa da una ICO rappresenta, prima di tutto, il prodotto dell'azienda: può essere usata come mezzo di scambio per una certa quantità di prodotti o servizi. Allo stesso tempo, rappresenta anche il diritto alla partecipazione agli utili: così come le azioni normali, queste monete sono una percentuale delle azioni di una società posseduta.
Infine, la moneta/token rappresenta anche obbligazioni societarie, in altre parole, fondamentalmente un prestito. Il proprietario della stessa può ricevere interessi in base allo stesso tasso di interesse prestabilito.

Detto così sembra tutto una grande opportunità, ma la verità è che ci sono anche molti svantaggi nell'investire in una ICO.
L'idea della startup è descritta in un libro bianco, e l'investitore deve decidere di fidarsi di ciò che è scritto lì, spesso senza alcuna prova. Le ICO sanno che gli investitori rischiano il loro denaro nella speranza di poter ottener molto di più, e alcuni ne approfittano. Quindi prendono i soldi e spariscono rapidamente senza sviluppare effettivamente il progetto presentato. Una truffa in tutti i sensi della parola, effettivamente.
Incontriamo anche il caso di ICO legittime senza intenzioni fraudolente, ma il cui team manca di conoscenze tecniche, supporto o esperienza per creare un business blockchain.
E, come sempre, c'è anche il problema degli hacker, che possono sabotare l'indirizzo del portafoglio ICO e rubare i soldi degli investitori.

Se queste potenziali "battute d'arresto" non ti spaventano e sei ancora determinato a investire in una ICO, dovresti prendere nota dei seguenti consigli.

Prima di tutto: fai le tue ricerche!

A differenza di una IPO dove l'azienda è di solito di successo e redditizia, una ICO è una startup e ha bisogno di fondi per passare dalla teoria del libro bianco alla "pratica", cioè per essere in grado di sviluppare il prodotto o il servizio effettivo. Per questo è così importante realizzare la tua ricerca setacciando internet e facendo tutte le possibili domande sui forum di ICO, criptovalute e Bitcoin- fino al 100% del tuo investimento potrebbe essere in gioco!

Oltre a leggere il libro bianco dell'ICO, ricordati di fare anche una ricerca sui membri fondatori e sul team. Cerca informazioni su Linkedin e prova a verificare se si tratta davvero di professionisti che possono mantenere le loro promesse, se hanno qualche esperienza in progetti con criptovalute e in quali altre ICO sono stati coinvolti e con che risultati.

Per risolvere i tuoi dubbi, è anche una buona idea contattare direttamente gli sviluppatori stessi e chiedere loro risposte per messaggio privato o partecipando a eventuali conferenze e presentazioni per conoscerli in persona. Se non sono collaborativi o evitano di rispondere a certe domande... Brutto segno!

Di nuovo, evita di investire in progetti *"me too"*. Il mercato non ha bisogno di un altro Globo o di un altro Amazon (a condizione, ovviamente, che non si tratti di una versione molto, ma molto migliorata). C'è invece grande necessità di idee innovative che possano risolvere problemi reali che rimangono senza risposta.

Chiediti quindi a cosa serve il token/valuta in questione: perché Bitcoin o Ethereum non sono sufficienti per questo progetto? E anche: per cosa verrà usato esattamente il denaro raccolto e come verrà usato?

D'altra parte, tieni anche in considerazione il valore del token e chiediti se vale il suo prezzo attuale e se c'è la possibilità che aumenti e ti permetta di generare profitti.

In definitiva, se puoi rispondere a queste domande in modo soddisfacente, allora avrai fatto il lavoro necessario per ridurre il rischio di investimento, che, come abbiamo visto, può arrivare fino al 100%.

Detto questo, si dovrebbe anche prestare molta attenzione alla distribuzione dei token. Da un lato, se più del 50% di questi sono distribuiti tra i membri della squadra, c'è sicuramente qualcosa di sospetto. Allo stesso tempo, un progetto serio collegherà la sua distribuzione di token allo sviluppo del progetto, perché ogni fase o milestone del progetto richiede una certa quantità di fondi.

Anche la fase di distribuzione dei token è molto importante. Alcuni progetti rilasciano i loro token solo ore dopo la fine dell'ICO. Altri hanno bisogno di sviluppare una versione beta prima di spedire i token. Buono a sapersi, ma non qualcosa che dovrebbe influenzare la tua decisione finale.

Se sei determinato a procedere con il tuo investimento, avrai bisogno di una criptovaluta, di solito Bitcoin o Ethereum. Come indicato, la startup scambierà le criptovalute del tuo investimento con denaro fiat per pagare il suo sviluppo, i costi, ecc.

Dovrai quindi inviare la criptovaluta richiesta dalla startup all'indirizzo indicato. Di solito dovrai farlo da un portafoglio online, dato che molte startup non accettano Bitcoin o Ether da un exchange.

Dopodichè, potrai decidere se semplicemente aspettare o partecipare attivamente, entro i limiti stabiliti dalla start-up, per assicurarti che tutto proceda al meglio.

Soprattutto, non dimenticare che questo tipo di investimento deve essere preso molto sul serio. È una mossa molto speculativa e rischiosa. Ma, non neghiamolo, può portare anche ottimi risultati. Il mio consiglio? Non investire più del 5% del tuo capitale nelle ICO e cerca di distribuire questa somma su più di una startup: in questo modo, anche se solo una di esse dovesse avere successo, avrai un'ottima possibilità di recuperare tutto quello che hai investito.

Bitcoin Futures

Come avrai notato, i mercati delle criptovalute si stanno evolvendo molto rapidamente a causa del continuo arrivo di nuovi investitori e veicoli di investimento. Questo è il caso, per esempio, dei Bitcoin Futures, un altro strumento di mercato molto potente che offre ai suoi utenti la possibilità di proteggere i loro investimenti così come una grande flessibilità.

Vediamo quindi esattamente di cosa si tratta.

In termini generali, devi sapere che i mercati di futures sono mercati in cui vengono stipulati contratti tra varie parti che si impegnano, in vista del futuro, a vendere o comprare una certa attività o bene finanziario, secondo le quantità, la data di scadenza, il prezzo, ecc. stipulati nello stesso contratto. Una volta raggiunta la data di scadenza, i pagamenti vengono effettuati come concordato.

Nel mondo delle criptovalute, i futures su Bitcoin seguono le fluttuazioni del prezzo della criptovaluta stessa, permettendo agli investitori di ottenere un'esposizione alla criptovaluta senza necessariamente possedere la criptovaluta stessa. In altre parole, come nel caso dei contratti futures "tradizionali", i Bitcoin futures permettono agli investitori di vendere o comprare legalmente questa criptovaluta in futuro.

Inoltre, i Bitcoin futures hanno una particolarità importante: la maggior parte di essi non sono soggetti ad alcun tipo di regolamentazione. Questo è comprensibile se si tiene conto che stiamo parlando di una criptovaluta che non è riconosciuta come un titolo o una valuta ufficiale in molti paesi e che, quindi, implica un vuoto giuridico.

I futures offrono quindi agli investitori la possibilità di coprirsi contro le fluttuazioni avverse e la volatilità della valuta e, naturalmente, sono uno strumento di mediazione che permette ai commercianti di speculare sui prezzi futuri di questa criptovaluta. Per esempio, nel caso di investimenti a lungo termine, come abbiamo visto Bitcoin può occasionalmente sperimentare crolli di mercato, portando il tuo portafoglio Bitcoin a guadagnare molto poco o addirittura nulla. In questi casi, i contratti a termine aiutano a proteggere i tuoi investimenti.

Inoltre, i Bitcoin futures forniscono un accesso significativo alla criptovaluta per solo una frazione del suo costo, e offrono flessibilità se il Bitcoin non è disponibile in quel momento per speculare sul suo prezzo e ottenere un rapido profitto. I Bitcoin futures sono anche tra i più liquidi dei mercati delle criptovalute, con trilioni di dollari di volume mensile. E, come forse sai, un mercato liquido è spesso associato a un rischio inferiore. Non bisogna inoltre dimenticare che i mercati dei futures sono estremamente trasparenti, con quotazioni e prezzi esposti ogni giorno.

Ma non ci sono solo vantaggi. Anche i futures su Bitcoin hanno i loro "contro". Innanzitutto, il fatto che si tratta di un prodotto ad alto rischio: se decidi di investire in questo mercato, devi essere consapevole che potresti perdere tutto il tuo investimento. Inoltre, è richiesto un deposito, un margine per coprire una serie di rischi fin dall'inizio. Tieni anche presente che è il mercato che stabilisce i cicli di maturità delle operazioni.

Oggi, i Bitcoin futures regolamentati e più comunemente usati sono quelli del CBOE, Bakkt e CME.

Quelli non regolamentati sono offerti da exchange come Binance, OKex, BitMEX, Huobi, Bitfinex e Kraken. Ma nonostante i molti vantaggi e le diverse opzioni disponibili, la natura altamente volatile del Bitcoin rende i futures uno strumento rischioso e uno che non dovresti considerare come la tua opzione numero uno se sei un principiante e stai muovendo i tuoi primi passi nel mondo delle criptovalute.

In altre parole, i Bitcoin futures permettono la speculazione sul prezzo di questa criptovaluta in un mercato finanziario regolamentato o non regolamentato, offrendo significative opportunità di leva che aiutano a generare più profitto. Allo stesso tempo, questa situazione può anche portare a perdite enormi, qualcosa di cui gli investitori inesperti dovrebbero essere molto consapevoli.

Errori da evitare quando si investe in criptovalute

FOMO (Fear of Missing Out)

Nel mondo delle criptovalute, FOMO e FUD sono due termini che dovresti conoscere e che rappresentano i principali pericoli nel lessico di un investitore.

FOMO è l'acronimo dell'inglese *Fear of Missing Out*.
Questo concetto si riferisce alla paura degli investitori inesperti di perdere una buona opportunità, cosa che li porta a investire senza effettuare le dovute ricerche e finendo per buttare via i loro soldi. In particolare, questo tipo di atteggiamento può portare a comprare una criptovaluta al suo picco, solo per venderla in un momento di panico quando comincia a scendere pochi giorni dopo.
Ecco perché è così importante prendere nota dei profitti e delle perdite di ogni investimento e ricordare che non si può guadagnare ogni volta o comprare ogni moneta al momento perfetto.
L'ansia causata dalla possibilità di perdere grandi profitti è naturale, e qualcosa di cui soffrono quasi tutti gli investitori. Il modo migliore per combatterla è capire la tecnologia blockchain e fare ricerche su ogni moneta e la sua situazione attuale individualmente prima di decidere di investire.
Se si fanno investimenti ragionati e si considerano i benefici a lungo termine, si hanno molte più possibilità di ottenere dei profitti.

FUD (Fear, Uncertainty and Doubt)

D'altra parte, FUD sta per *Fear, Uncertainty and Doubt* o, in italiano, Paura, Incertezza e Dubbio. In altre parole, tutto ciò che di solito dissuade gli investitori dal credere nelle criptovalute e nelle loro applicazioni.

Questo è dovuto principalmente alla diffusione di disinformazione spesso condivisa con lo scopo intenzionale di danneggiare un concorrente (come le false voci sulla morte di Vitalik Buterin di cui abbiamo parlato prima), o la mancanza di strumenti, da parte degli investitori, per interpretare i dati e i possibili scenari di ogni moneta.

Ecco perché bisogna essere in grado di distinguere tra una critica ragionevole e l'analisi di una valuta rispetto al FUD. E più informato sarai, più ti risulterà facile distinguere la differenza. Quando fai la tua analisi, non dimenticare di usare solo fonti affidabili e rispettabili: stai lontano dai commenti sui social media e concentrati solo sui più grandi siti di notizie di criptovalute, consultandone sempre più di uno.

Pump and Dump

Chaincoin (CHC) è una criptovaluta che sperimentò un aumento di prezzo meteorico, da 0,05 dollari a oltre 6 dollari in meno di una settimana. Prima di quel momento, la moneta era disponibile solo su due piccoli exchange di criptovalute e aveva un volume di scambio totale molto basso.

Ma un canale YouTube noto come HighOnCoins iniziò a promuoverla. Vennero pubblicati video intitolati "Compra ChainCoin $CHC", mentre il canale incoraggiava gli utenti a creare masternodes (un tipo di nodo completo che richiede 1000 CHC), così come a comprare e tenere la moneta a tempo indeterminato, piuttosto che venderla per profitto. La teoria di fondo era che se tutti avessero investito e tenuto la moneta, il prezzo avrebbe continuato a salire e salire.

Tuttavia, Chaincoin aveva molti difetti fondamentali, tra cui una mancanza di innovazione da parte degli sviluppatori, zero applicazioni nel mondo reale rispetto ad altre valute e una mancanza di differenziazione dalle principali criptovalute.

L'aumento iniziale degli investimenti causò confusione e tumulto nella comunità delle criptovalute, con molti investitori disinformati che credevano di aver trovato lo schema perfetto per arricchirsi.

Il 14 luglio 2017, la criptovaluta raggiunse il suo massimo storico di 6,81 dollari. Tuttavia, pochi giorni dopo, gli sviluppatori entrarono nella pagina GitHub della stessa moneta e apportarono un paio di modifiche. Solo pochi giorni dopo, il prezzo della moneta scese di nuovo a 1 dollaro. HighOnCoins affermò che si era trattato di un attacco hacker, ma l'attività mostrava un grande scarico di monete da parte di alcuni investitori. O, in altre parole, una strategia *Pump and Dump*.

La morale? È importante notare che nel mondo delle criptovalute ci sono truffatori che possono facilmente gonfiare o sgonfiare il prezzo delle monete più piccole o sconosciute, creando falsi ordini di acquisto o di vendita e persino facendo salire alle stelle il valore della criptovaluta per centinaia di volte. Quando gli investitori si affrettano a cercare di ottenere una parte dell'azione, i truffatori annullano gli ordini, e questo può portare a un crollo dei prezzi.

Insomma, non realizzare mai un investimento basandoti sulle mode del momento, ma fai i tuoi "compiti" studiando attentamente tutte le caratteristiche della criptovaluta in questione. Come abbiamo detto prima, assicurati di controllare le informazioni da varie fonti imparziali e non investire mai in una criptovaluta solo perché un "guru" l'ha appena detto sui social media o su un canale di YouTube.

Altri consigli basici

Oltre a quanto indicato, vorrei anche metterti in guardia su altri possibili errori a cui dovresti fare attenzione se decidi di investire in criptovalute. Chissà ti sembreranno molto elementari e ovvi, ma non hai idea di quante persone hanno finito per cadere in trappole di questo tipo. Con conseguenze disastrose...

Comprare solo perché il prezzo è basso

I prezzi bassi non sono sempre sinonimo di una grande opportunità. Spesso, infatti, sono bassi proprio per una ragione...

Cadere nelle truffe

Nel mondo delle criptovalute, ci sono anche truffatori che contattano le loro vittime via e-mail o messaggio per offrire loro una imperdibile "opportunità di investimento". Promettono di far loro raddoppiare o triplicare l'importo investito se inviano la loro criptovaluta a un particolare portafoglio digitale. Ricordati: tratta sempre queste offerte con il massimo scetticismo.

Non ultimo in termini di sicurezza, attenzione alle criptovalute false. Sì, perché con così tante monete digitali sul mercato, può finire per essere difficile sapere cosa è reale e cosa non lo è.
E se investi in valute false, i truffatori possono rubare il tuo denaro e persino la tua identità. Come? Attraverso il *phishing*, cioè inducendoti a cliccare su determinati link che installano spyware sul tuo computer.
Quindi non fidarti delle raccomandazioni di nessuno e usa più fonti possibili per fare le tue ricerche.

Scommettere il tutto per tutto

Alcune delle piattaforme di trading più sospette spesso suggeriscono di massimizzare i tuo guadagni scommettendo il tutto per tutto. E questa è una strada molto veloce verso la rovina. Quando si investe in criptovalute, d'altra parte, si dovrebbe utilizzare solo una piccola parte del capitale investito e tenere sempre un fondo di cassa di emergenza che non si utilizzerà nel mercato.

Pensare che le criptovalute rappresentino denaro facile

Ricordati sempre: non c'è niente di facile nel fare soldi con qualsiasi tipo di attività finanziaria, che si tratti di azioni e titoli, materie prime come argento e oro, o criptovalute. E chiunque ti dica il contrario sta probabilmente cercando di ingannarti.

Il presente e il futuro delle criptovalute

Per gli investitori in criptovalute, il 2021 ha segnato, nel complesso, un anno ricco di azione e molto positivo. A novembre, Bitcoin ha raggiunto un prezzo massimo di 69.000 dollari ed è stato riconosciuto come valuta ufficiale in El Salvador, mentre a ottobre Ethereum ha raggiunto un massimo storico di 4.404 dollari.

Le criptovalute hanno iniziato a guadagnare sempre più importanza e alcuni grandi rivenditori hanno deciso che era giunto il momento di accettarle come mezzo di pagamento. Negli Stati Uniti, alcuni politici e atleti hanno persino iniziato a ricevere parte dei loro stipendi in criptovalute, mentre Wall Street ha creato fondi negoziati in borsa sulle criptovalute.

E ovviamente, con l'aumento del prezzo di Bitcoin, Ethereum e altre monete, le aziende di criptovalute hanno fatto grandi mosse. Qualche esempio? Crypto.com ha realizzato una pubblicità con la star del cinema Matt Damon e Coinbase si è quotata al Nasdaq in aprile.

Ma la prima settimana del 2022 non è stata altrettanto positiva per il Bitcoin, poiché la criptovaluta ha perso l'11% del suo valore in pochi giorni e ha concluso la settimana a circa 42.000 dollari, in calo di quasi il 40% dal suo massimo storico nell'autunno 2021.

Secondo gli esperti, l'accenno della Federal Reserve degli Stati Uniti a un aumento dei tassi di interesse prima del previsto ha spinto molti investitori a vendere le loro partecipazioni in Bitcoin a favore di investimenti più "tradizionali". Anche altre valute digitali, come Ripple ed Ethereum, sono scese nella stessa settimana, rispettivamente del 13,5% e del 9%.

Ma come abbiamo visto, questo è semplicemente *business as usual* nel mercato altamente volatile delle criptovalute, e infatti ci si aspetta che le grandi oscillazioni continuino per tutto il 2022.

Data la crescita esplosiva delle monete digitali, è naturale che tu ti stia chiedendo se dovresti investire, e quanto, prima che sia troppo tardi. Come abbiamo appena visto, comprare Bitcoin e criptovalute in generale ha ancora un enorme potenziale, soprattutto a lungo termine, e grazie a marketplace come Coinbase, investire è ora abbastanza facile.

Tuttavia, non dimenticare mai che il valore delle criptovalute è basato sulla pura speculazione e che il loro futuro rimane incerto. Inoltre, una regolamentazione è sicuramente in arrivo. Questo significa che dovresti evitare di comprare criptovalute? Certo che no, ma tenendo sempre presente i vari consigli forniti in questo libro, dovresti cercare prima di costruire un cuscino di investimenti sicuri, nel senso tradizionale del termine, e poi iniziare a muoverti nel mondo delle criptovalute poco a poco. Diciamo con il 5% o il 10% del tuo portafoglio. Inoltre, ricorda che all'interno di questa percentuale, è consigliabile distribuire il denaro tra diverse valute, una delle quali dovrebbe essere Bitcoin, l'unica valuta completamente decentralizzata. In questo modo, non rischierai di perdere tutto o quasi tutto se la criptovaluta crolla.

D'altra parte, considera anche le tue caratteristiche personali come investitore. Quindi, se hai già valutato il tuo livello di tolleranza agli investimenti rischiosi e sei ancora attivamente alla ricerca di modi per aggiungere ancora più rischio al tuo portafoglio, allora il mercato delle criptovalute potrebbe essere di grande interesse per te.

Allo stesso modo, se apprezzi gli aspetti positivi delle criptovalute e della tecnologia blockchain e credi nel suo enorme potenziale a lungo termine, allora troverai certamente più facile accettare gli alti e bassi di questo mercato.

Ma se sei avverso al rischio e l'imprevedibilità delle criptovalute ti rende più ansioso che eccitato, allora dovresti riflettere seriamente prima di fare il grande passo. Soprattutto se non hai nessun tipo di "cuscino" e questa è la tua prima forma di investimento.

Come abbiamo detto prima, non lasciare che la FOMO guidi le tue azioni: la paura non è mai stata e non sarà mai una buona strategia di investimento. Invece, rifletti attentamente sulla tua situazione finanziaria, sulle tue caratteristiche come investitore, e studia i pro e i contro delle diverse criptovalute in cui stai pensando di investire. Ce ne sono migliaia tra cui scegliere, quindi studia, studia e ancora studia.

Glossario

<u>Asset digitale:</u> una risorsa che esiste in forma digitalizzata, che può essere posseduta e quindi ha un diritto d'uso associato a essa. È trattata come una proprietà, quindi può essere comprata, venduta o data in licenza. Risorse come siti web, loghi, grafiche, file video o audio e, naturalmente, le criptovalute rientrano in questa categoria.

<u>Airdrop:</u> un metodo utilizzato per la distribuzione gratuita di token a specifici portafogli.

<u>Algoritmo:</u> un insieme di regole finite e ordinate che permettono di seguire una serie di passi fissati per svolgere una certa attività seguendo un percorso prestabilito.

<u>ASIC (Application Specific Integrated Circuit):</u> chip creati per eseguire una funzione specifica. Per esempio, parlando di Bitcoin, si tratta di chip sviluppati per elaborare problemi di hashing SHA-256, cioè per minare e ottenere nuovi Bitcoin come ricompensa.

<u>ATH (All Time High):</u> il massimo storico di un dato prezzo.

<u>Bearish o Bear Market:</u> un'aspettativa di prezzi in calo in un dato mercato.

<u>Blockchain autorizzata o privata:</u> blockchain in cui i processi di consultazione, partecipazione, convalida e impegno sono limitati a una specifica lista di nodi o entità.

Blockchain senza permessi o pubblica: blockchain che non comporta restrizioni né per la lettura dei suoi dati né per la convalida delle transazioni da includere. È completamente trasparente e permette di entrare e uscire in modo molto semplice.

Blockchain a prova di manomissione o tamper proof: una blockchain che ha un livello di sicurezza molto alto e non permette alcun tipo di modifica. Bitcoin ha una blockchain immutabile di questo tipo.

Blocco di genesi: il primo blocco di una blockchain.

Bullish o Bull market: aspettativa di aumento dei prezzi in un dato mercato.

Coinbase: anche se c'è un exchange che ha adottato questo nome, il termine stesso si riferisce alla maggiore ricompensa per i minatori che mettono la loro potenza di calcolo al servizio della rete. Per Bitcoin, questo è l'unico modo per generare nuovi bitcoin.

Contratto intelligente o Smart contract: un'applicazione informatica che gira su una blockchain in modo decentralizzato. Funziona in modo programmato e non permette interferenze o modifiche di nessun tipo, né frodi. Quando una condizione pre-programmata viene attivata, lo smart contract esegue la clausola contrattuale indicata. Può anche prendere decisioni, interagire con altri contratti, memorizzare dati e inviare token o criptovalute.

Crittografia: tecnicha che mira ad alterare le rappresentazioni linguistiche di certi messaggi per renderli incomprensibili a destinatari non autorizzati. Nel protocollo Bitcoin, un algoritmo crittografico ricorrente è SHA-256.

DAO (Organizzazione autonoma decentralizzata): un'organizzazione autonoma decentralizzata con capitale interno che esiste autonomamente su internet e si affida alle persone per alcune azioni che la sola automazione non può eseguire.

Difficoltà della catena: il livello di difficoltà incontrato dai minatori di una data blockchain per minare le transazioni e quindi aggiungerle alla blockchain stessa.

Fork: quando una blockchain si divide in due catene separate temporaneamente o permanentemente. Un *hard fork* è quando la blockchain si divide in due catene separate e incompatibili. Un *soft fork,* invece, è un cambiamento di regole che porta alla generazione di blocchi che il software precedente riconosce come validi e quindi compatibili con le sue versioni precedenti.

Gas: prezzo interno per l'esecuzione di un contratto o di una transazione su Ethereum. Si usa per disaccoppiare ETH e il suo valore unitario di mercato allo scopo di misurare il gas o l'uso computazionale.

Halving: il dimezzamento della ricompensa per i minatori che completano un blocco di transazioni. Bitcoin è sviluppato in modo che questo tipo di dimezzamento avvenga ogni quattro anni.

Hard Cap: il limite di denaro che gli investitori possono contribuire a un progetto attraverso una ICO. Quando questo limite viene raggiunto, non vengono più distribuiti gettoni.

Hash: impronta digitale. È una funzione matematica che è una parte cruciale della matrice di sicurezza della blockchain in quanto assicura che i dati che vengono aggiunti a una blockchain siano sicuri. La funzione cripta i dati in modo tale da convertirli in una lunghezza fissa che può essere considerata un tipo di impronta digitale. Quando si tratta di sicurezza della blockchain, la funzione hash più comunemente usata è SHA-256.

Indirizzo: stringhe di lettere e numeri che sono generate dalle chiavi pubbliche e private e rappresentano la loro impronta digitale. La chiave privata è quella che permette l'accesso alla criptovaluta registrata nella chiave pubblica e che deve essere sempre tenuta segreta. L'indirizzo pubblico, invece, è quello che può essere condiviso con il resto della rete per ricevere criptovalute.

Lightning Network: permette ai pagamenti e ai micropagamenti di essere processati virtualmente all'istante ed è la soluzione proposta al problema della scalabilità di Bitcoin.

Market Cap o Capitalizzazione di mercato: è l'offerta totale del numero di token o criptovalute moltiplicato per il prezzo attuale della stessa criptovaluta.

Mooning: un termine che si riferisce a prezzi che sono alle stelle.

Nodo: in una rete di computer, ogni macchina rappresenta un nodo. E su Internet, ogni server è anche un nodo.

Oracle: un traduttore di informazioni fornite da una piattaforma esterna. L'unico modo che permette ai contratti intelligenti di interagire con i dati al di fuori dell'ambiente blockchain.

Transaction pool: il luogo in cui sono conservate le transazioni effettuate dagli utenti di una blockchain che non sono ancora state convalidate dai minatori e dove i minatori scelgono le transazioni da aggiungere al blocco successivo della blockchain.

Proof of Work (PoW): secondo questo protocollo di consenso, la catena con più supporto è anche quella con più lavoro o *hashrate* alle spalle. Si tratta di un hash con requisiti molto specifici in modo che sia difficile da trovare per il minatore. Come ricompensa, il minatore ottiene token o criptovalute da quella blockchain.

Protocollo di consenso: l'algoritmo che stabilisce le regole che i blocchi devono rispettare per essere ammessi in una blockchain.

Satoshi: la più piccola frazione di Bitcoin che equivale a 0,00000001 BTC.

Sidechain: la blockchain alternativa alla blockchain principale di Bitcoin. Può funzionare con altre *sidechains* oltre a quella principale. Mira a prevenire le frodi, migliorare la sicurezza, ridurre la volatilità e prevenire l'illiquidità nell'ecosistema blockchain.

Soft Cap: è la quantità minima di denaro che permette di affermare che un dato progetto ha raggiunto il suo obiettivo in una ICO.

Testnet: è una blockchain che viene utilizzata dagli sviluppatori della comunità per testare qualsiasi codice senza influenzare lo stato della blockchain in alcun modo.

Governance token: token generato da una DAO (Organizzazione autonoma decentralizzata) che dà ai suoi possessori il potere di proporre cambiamenti, dare feedback, correggere e votare su eventuali modifiche. In altre parole, i possessori di token di governance formano la DAO stessa.

Whale: termine per indicare una persona che possiede grandi quantità di criptovalute.

*****

Spero che tu abbia trovato utili le informazioni di questa guida e ti auguro ogni successo con tutti i tuoi futuri investimenti.

Grazie!

www.ingramcontent.com/pod-product-compliance
Lightning Source LLC
Chambersburg PA
CBHW071520220526
45472CB00003B/1087